GLOIRE

ET

NOBLESSE,

PAR

EUGÈNE NYON.

TOURS,
R. PORNIN ET C.ie, IMP.-LIBRAIRES.

1844.

GYMNASE MORAL

D'ÉDUCATION.

Vient-il ? leur demandait-elle avec anxiété

GLOIRE & NOBLESSE

Noblesse ! Noblesse ! répétèrent les hérauts.

Tours

R. Pornin & C.ᵉ Imp. Libraires

1844

GLOIRE

ET

NOBLESSE,

PAR

EUGÈNE NYON,

Auteur des Dots, des Dévouements, &.

TOURS,

R. PORNIN ET C.ie, IMPRIMEURS-LIBRAIRES-ÉDITEURS.

1844.

UN TOURNOI SOUS PHILIPPE VI.

—

1344.

I.

LES VÊPRES DU TOURNOI.

Dès le matin du 18 janvier de l'an 1344, les cloches de l'église de Notre-Dame lancées à grande volée, remplissaient l'air de leur tintement religieux, et faisaient trembler dans leurs châssis, les vitres étroites des maisons voisines. Puis à ces sonneries de la cathédrale, d'autres sonneries répondaient de toutes parts ; et du sein de la Cité, de la Ville et de l'Université, il s'élevait comme une ru-

meur joyeuse. Dans les rues tout le peuple, bourgeois, marchands, commères et manants, se pressait,
se poussait, se portait, sillonné de temps à autre
par une compagnie des archers de M. le prévôt, qui
chevauchait rapidement au milieu de la foule,
gagnant son poste, et se dirigeant en toute hâte vers
la Cité. La Cité!... c'était là que courait tout ce
peuple empressé; aussi plus on approchait de ce
point, plus la foule devenait épaisse et serrée.
Les rues qui avoisinaient les quais étaient déjà pleines de curieux, de manière à désespérer les retar-
dataires, qui, arrivant sans cesse, imprimaient à
cette foule une ondulation telle qu'on eût dit que
des deux côtés opposés, de la ville et de l'Université,
de la rue Saint-Martin et de la rue Saint-Jacques,
une marée montait incessamment vers la Cité qu'elle
allait envahir. Et certes, l'impatience était si grande, que le triangle contenu entre les deux points
eût été inévitablement rempli par les flots du populaire, sans la digue que M. le prévôt de **Paris** y avait
si habilement opposée. C'était une longue file de ses
archers qui défendait les ponts, soutenue qu'elle
était par les hommes d'armes à monseigneur le roi,
par les arbalétriers de M. Jehan, duc de Normandie,
et par toutes les compagnies d'archers francs que
l'on avait mises en réquisition pour ce jour-là.

Or ce jour-là , comme vous le pensez bien , était un jour de fête.

La cérémonie qui allait avoir lieu , était celle des épousailles de deux grands personnages , c'était l'alliance de la nouvelle branche des rois de France avec le seul rejeton qui restât de l'ancienne, l'union des Valois et des Capétiens. — Le roi Philippe VIe mariait son second fils Philippe , avec Blanche de France , fille du dernier roi , Charles-le-Bel.

Aussi de grandes réjouissances avaient été ordonnées dans Paris, des *mais* avaient été élevés de toutes parts , l'Université vaquait pour quelques jours , et déjà depuis quelque temps , les hérauts s'étaient répandus au loin , proclamant au nom de leur seigneur et maître le roi , de belles joutes qui devaient avoir lieu dans les jardins du palais , le jour d'après la cérémonie.

Il ne faut donc pas s'étonner de voir tout le populaire de Paris en émoi, se pressant aux alentours de la Cité , pour voir , le mieux qu'il lui sera possible , le beau cortège qui doit accompagner les épouseurs à la Notre-Dame de Paris où leur union doit être sanctifiée.

Aussi la foule augmentait toujours , et plus elle devenait nombreuse , plus son impatience allait croissant , et se témoignait à chaque mot , à chaque geste , à chaque bousculade des archers. — Ce n'était de tous côtés que jurons, qu'invectives , que damnations ; mais lorsque enfin les hérauts firent retentir leurs trompes au long du quai , la rumeur s'éteignit peu à peu , et chacun ne songea plus qu'à se poster commodément pour tout voir.

Puis le cortége passa au milieu des ébattements et des *noëls* des curieux ; les épouseurs se rendirent avec leur suite au-devant de la cathédrale , où l'évêque de Paris les attendait avec tout le clergé ; et après quelque temps l'église Notre-Dame fut pleine de seigneurs et de dames. Puis on entendit retentir au loin la voix grave et solennelle des moines ; long-temps les psalmodies sacrées résonnèrent aux oreilles du peuple; enfin la noble foule sortit de l'église, traversa encore les quais au milieu des cris et des noëls , et se dirigea vers le Palais. Puis tout fut fini pour la cérémonie sainte ; M. Philippe et Madame Blanche étaient mariés.

Bientôt les archers se rangèrent , agitèrent leurs chevaux et partirent ; et la foule put en liberté inonder le parvis Notre-Dame et regarder l'endroit où tout à l'heure encore avaient passé le roi, la reine, les princes et les seigneurs. Ce fut une curiosité générale , et longtemps la place fut pleine de monde et de propos de toutes sortes. Mais cependant

chaque chose a sa fin, et lorsqu'on eut bien contenté son empressement curieux et son bavardage,
on ne pensa plus qu'aux fêtes qui devaient emplir
Paris de joie et de bruit pendant deux jours, et
chacun se rendit vers le lieu où un plus grand
plaisir l'attirait. Beaucoup allèrent s'entasser dans
les tavernes, où ils se proposaient de boire largement
au bonheur des épousés ; il y en eut peu qui se rendirent aux lieux où l'on avait élevé des mais, car le
temps n'était pas propice à ce plaisir champêtre ;
mais la plus grande part pensa au tournoi du lendemain, et se porta vers la cour de la Sainte-Chapelle , pour y voir les armes des chevaliers qui
devaient jouter, et vers le jardin du palais pour
y jouir du beau spectacle que devait présenter la
lice.

C'était un usage consacré , que la veille d'un
tournoi, les écus armoriés des chevaliers qui devaient
y figurer fussent appendus aux murs du saint lieu
le plus proche , et là exposés aux regards de tous,
afin que si quelqu'un avait quelque grief grave à
reprocher à l'un deux, il pût le dénoncer en frappant son écu. Cet acte seul était une accusation ;
les juges du camp prenaient de promptes informa-
tions sur le chevalier accusé , et en faisaient bonne
justice, s'il y avait lieu. Le même jour, pendant que

les écus étaient exposés , les chevaliers qui devaient combattre , visitaient la lice précédés des hérauts, et les écuyers s'exerçaient dans l'enceinte avec des armes légères. — C'était ce qu'on appelait les *Vespres du Tournoi.*

Ce jour-là donc , suivant l'usage , les écus des chevaliers qui devaient paraître au tournoi du lendemain étaient accrochés le long des murs de la Sainte-Chapelle , et les curieux emplissaient la cour pour apprendre les noms des appelans et des défendans. — Auprès des écus , il y avait des poursuivants d'armes qui se tenaient là proclamant à haute voix les noms, les titres et les qualités des chevaliers. Déjà ils avaient répondu à de nombreuses questions.

— Quel est, je vous prie, messire, demandait un bon gros bourgeois tout ébahi , quel est ce bel écu *semé de France* sur *champ d'azur* ?

— Ce sont , répondait le héraut , les armes de monseigneur Jehan de France , duc de Normandie , fils aîné de notre seigneur, le roi.

Puis celui-ci s'éloignait , faisant place à de nouveaux questionneurs, dont la curiosité était aussitôt satisfaite.

Le jour commençait à baisser, et les poursuivants d'armes se préparaient à décrocher les écus des chevaliers sans qu'aucun écu n'eût été frappé, lorsqu'un jeune seigneur, noblement vêtu, portant chaperon de menu vair et justaucorps de satin , s'avança rapidement.

« Arrière ! arrière ! cria-t-il à la foule , qui se rangea pour le laisser passer , tant son air et son maintien avaient quelque chose de noble et d'imposant : et tous les yeux se fixèrent sur lui.

Puis quand il fut arrivé auprès des poursuivants d'armes : « Je vous requiers, mon maître , dit-il instamment à l'un deux , de m'appeler les noms de tous les chevaliers qui doivent entrer en lice demain. N'en omettez pas un seul , je vous en conjure, il y va de l'honneur de la chevalerie. »

Le héraut auquel il s'adressait parut d'abord étonné, puis comme entraîné par ce qu'il y avait d'instance dans la demande, il se hâta d'y répondre.

« Vous voyez ici, beau seigneur, les armes de monseigneur Jehan de France.

— Passons , reprit promptement le gentil-homme.

— Ici , continua le héraut , celles de messire Raoul, comte d'Eu et de Guignes, connétable.

— Passons.

— Ici, celles du sire de Saint-Venant...

— Passons encore , et parlez-moi de suite des chevaliers bretons.

Le poursuivant d'armes s'éloigna un peu et indiquant au gentilhomme qui le suivait quelques écus *semés de Bretagne.*

— Les voici, monseigneur, et il ajouta : Auriez-vous quelque tache à imprimer à leur blason ?

— Dites toujours, mon maître, et faites trève à vos réflexions, ce sont... ?

— Les armes des sires Jehan et Geoffroi de Malestroit, du baron d'Avangour, du sire Olivier de Clisson, de...

— Assez ! assez ! s'écria le jeune seigneur, d'une voix ferme, et il frappa de ses armes l'écu de chacun des chevaliers bretons.

Puis il disparut.

La surprise fut grande parmi ceux de la foule, les hérauts étonnés décrochèrent les écus, et chacun se retira en s'entretenant de cette aventure, dont il espérait bientôt savoir la suite.

Le soir du même jour, le jeune seigneur que nous venons de voir, était introduit auprès du roi, auquel il montrait un parchemin scellé du sceau du roi Édouard d'Angleterre : et les yeux du roi Philippe brillaient éclairés par la colère.

II.

LA LICE.

Le lendemain, bien longtemps avant l'heure à laquelle le tournoi devait commencer, il y avait grande affluence de gens de toute sorte dans le jardin du palais, où la lice avait été formée, et c'était de toutes parts une grêle de questions, qui tombaient sur les écuyers, sur les hommes d'armes, sur les varlets même que leur service appelait dans la lice. — Qui sera sur cet échafaud? Qui sur cet autre? Qui sur ce siége tapissé? Qui dans ces petites logettes? Toutes questions qui se reproduisaient avec une volubilité grande.

A l'un des coins du carré oblong que formait le champ-clos en dehors, une petite femme fraîche, accorte, vive et par-dessus tout bavarde , tirait constamment la manche du pourpoint noir et usé d'un homme grand , sec et maigre qui se tenait auprès d'elle.

— Mais voyons donc , maître Guichard , disait-elle impatientée : ne pouvez-vous m'expliquer tout ceci ?

— Damoiselle Gertrude , ma femme , répondait l'homme au pourpoint noir , je n'ai nulle connaissance de toutes ces choses de guerre ; je suis écrivain et non guerroyeur ; parlez-moi de plumes et non de lances et de tournois.

Puis il se retournait impatienté, et reprenait avec son voisin la conversation sans doute intéressante , que la demoiselle Gertrude, sa femme, avait si malencontreusement interrompue.

— Je vois bien que vous ne voulez pas me répondre, maître Guichard , mais je vous revaudrai cela. Au reste, j'aperçois là-bas quelqu'un que nous connaissons , messire Gauthier , un des écuyers au sire de Saint-Venant , je vais l'appeler , et il ne se fera pas prier, lui, pour me donner l'explication de cette lice.

Et se haussant sur ses pointes, elle appela l'écuyer.

— Ohé! par ici! messire Gauthier! à moi! ohé! ohé!

— Tenez-vous donc silencieuse, Gertrude, reprit aussitôt l'écrivain avec un air de mauvaise humeur très marqué, *bene natæ mulieri equites vocare non licet.*

L'observation latine de l'écrivain était venue trop tard; l'appel de Gertrude avait été entendu de l'écuyer qui déjà était auprès de la femme du scribe.

— Dieu vous garde! dame Gertrude, vous venez aviser les beaux coups qui se vont distribuer?

— Oui, certes, et je voudrais bien réclamer quelque chose de votre courtoisie.

— Parlez, belle dame, je suis tout vôtre.

— Merci, bel écuyer, fit Gertrude. Eh bien, dites-moi, je vous prie, pour qui tous ces échafauds, à quoi servent ces barrières? demanda-t-elle rapidement, comme ne pouvant plus tenir à sa curiosité.

— Il faut vous contenter, belle dame; écoutez. Tout ici est suivant la dernière ordonnance du roi Philippe-le-Bel sur les tournois; cet espace de 100

pieds de large sur 200 de long, c'est l'endroit où
doivent combattre les tournoyans. Aux deux extrémités, vous remarquez ces deux petites tentes ?

— Sans doute.

— Celle de droite est celle de l'appelant, celle de
gauche appartient au défendant.

— Mais pourquoi, je vous prie, cette double
barrière ?

— L'endroit dans lequel je suis, et qui est compris entre les deux barrières, c'est la double lice,
c'est là que doivent se tenir les hommes d'armes,
qui empêcheront les curieux de se jeter dans l'enceinte, les varlets nécessaires aux chevaux, et les
sergents qui devront conserver des armes en réserve
pour les chevaliers. Quant aux échafauds que vous
voyez de ce côté sur toute la longueur, voici leur
destination. Les deux des extrémités sont ceux des
dames, les deux suivants sont : celui de droite pour
les conseillers, celui de gauche pour la noblesse ;
quant à celui du milieu qui est le plus élevé et le
plus orné de tous, c'est celui des juges du tournoi,
qui auront à leur tête aujourd'hui notre seigneur
le roi.

— Et ce siége au-devant de la place du roi, quel
est-il alors ?

— Celui du maréchal du camp : à sa droite et à

sa gauche sont les conseillers des appelants et ceux des défendants.

— Mon Dieu ! vous allez dire que je suis bien curieuse et bien bavarde, mais dites-moi encore ce que c'est que ces quatre petites logettes aux quatre coins de la lice.

— Ceci est la place des hérauts d'armes, et la plus belle des quatre, celle où vous voyez une échelle, est celle du roi d'armes.

Maintenant, dame Gertrude, il ne me reste qu'à vous parler de ces gradins que vous voyez de chaque côté : ce sont ceux destinés aux curieux, et si vous voulez jouir du beau spectacle des joutes, je vous engage à y prendre place.

— Merci, bel écuyer, mais dites-moi encore...

— Allons, dame Gertrude, s'écria l'écrivain impatienté, votre bavardage va faire que nous ne trouverons plus de place sur ces gradins. Ne craignez-vous pas de vous user la langue à bavarder de la sorte ?

— Adieu, dame Gertrude, fit l'écuyer. — Dieu vous garde, maître Guichard, propriétaire de la plus belle échoppe à fleurs de lys mouvante de la rue aux Ecrivains.

Puis il s'éloigna, regardant le scribe d'un air goguenard.

— Que Satan confonde le caquetage de ce damoiseau! grommelait entre ses dents maître Guichard en cherchant une place ; il sera cause que nous ne trouverons plus de quoi nous asseoir.

Cependant dame Gertrude s'approcha de quelques commères ; on se serra pour lui faire une place, et elle s'assit, tandis que le pauvre écrivain, debout derrière elle, pestait et jurait tout bas.

Noël! Noël! Noël! entonna tout-à-coup la foule, et les hérauts sonnèrent de la trompe aux quatre coins de la lice, et les ménestrels firent entendre des chants louangeurs.

C'était le roi Philippe sixième qui entrait dans son échafaud, suivi des juges du tournoi; puis venaient le maréchal et les quatre juges diseurs, puis les seigneurs qui n'avaient pu se mêler à la joute, puis M. le prévôt de Paris, puis ses archers, puis des hommes d'armes du roi, puis des écuyers, puis des varlets. Et chacun prit sa place. Le roi d'armes fit aussitôt monter les hérauts dans leurs logettes, et se retira dans la sienne.

— Honneur aux fils des preux! cria-t-il.

— Honneur aux fils des preux! répétèrent les hérauts.

Et les trompes sonnèrent; et M. Jehan, duc de Normandie, revêtu de son armure, entra dans la lice dont il fit le tour, caracolant avec son cheval bardé de fer, et tenant sa lance droite. Puis il s'arrêta devant l'échafaud des dames, et abaissa sa lance, une belle écharpe azur à fleurs de lys vint s'y attacher : le cavalier fit faire une courbette à son coursier, saisit l'écharpe, la passa autour de son corps et repartit au galop, tournoyant autour du champ-clos avec une adresse si grande, que de tous côtés on n'entendit que des louanges et des battements de mains.

— Honneur aux fils des preux ! répétèrent encore les hérauts.

Et dans la lice, entrèrent le connétable Raoul, comte d'Eu et de Guignes, le sire de Saint-Venant et beaucoup d'autres ; et tous avec une adresse prodigieuse, tournoyaient autour des barrières, saluant les dames et en recevant une écharpe, un mouchoir, un ruban armorié dont ils devaient défendre les couleurs.

Et les hérauts répétaient sans cesse : Honneur aux fils des preux !

Tout-à-coup un murmure de surprise et de curiosité s'échappa de la foule, à l'entrée d'un chevalier recouvert d'une armure luisante et polie, sans armes ni devises autres que les mots *Dieu et le Roi*, gravés sur son écu. Il caracola fièrement autour de l'enceinte, s'arrêta devant les dames dont il reçut divers gages, et passant devant le roi, il abaissa sa lance, et le roi lui rendit son salut. Puis le chevalier reprit sa course et alla rejoindre ceux qui avaient déjà parcouru la lice.

— Honneur aux fils des preux ! répétèrent encore les hérauts.

Et l'on vit paraître aux barrières le baron d'Avangour, Olivier de Clisson, Jehan et Geoffroi Malestroit, et plusieurs autres chevaliers bretons.

— Assez ! cria le roi se levant subitement, assez ! par le Ciel ! C'est honte aux lâches et aux félons, qu'il faut dire.

Les chevaliers bretons firent divers mouvements de colère, et il y en eut qui portèrent la main à leur dague.

— Arrière, félons ! répéta le roi terrible, sur son trône, et que ma justice s'exécute !

A peine eut-il prononcé ces mots, que l'une des barrières s'ouvrit, laissant le passage au prévôt de Paris et à une compagnie de ses archers.

— Je vois qu'on en veut à nos jours, s'écria rapidement Olivier de Clisson, se redressant sur son cheval, mais qui ose nous accuser ?

— Moi ! répondit à voix haute, en s'avançant, le jeune chevalier inconnu.

A cette exclamation, il y en eut beaucoup qui pensèrent au jeune seigneur qui la veille avait frappé de ses armes l'écu des chevaliers bretons.

— Moi ! répéta le jeune homme au milieu du silence, c'est moi qui vous accuse, chevaliers félons et déloyaux , qui faites trafic de notre beau pays de France; et cette accusation, je la soutiendrai devant Dieu et devant les hommes , par la parole ou par l'épée ; et s'il plaît à monseigneur le roi, je défie chacun de vous au combat singulier : Dieu fera justice !

— C'est le roi de France qui la fera ! s'écria Philippe VI d'une voix sonore.

Aussitôt le prévôt de Paris s'avança , désarma les chevaliers en pleine lice , et quand il les eut fait entourer par ses archers :

— Où les mènerai-je , sire ? dit-il en se retournant vers le roi.

— Au Châtelet d'abord ! Après..... nous verrons.

Puis la troupe du prévôt sortit de l'enceinte , emmenant les prisonniers, et disparut au galop , laissant tous les spectateurs de cette scène dans le silence et la stupeur.

III.

LE TOURNOI.

Les chevaliers bretons et leur escorte prévôtale étaient déjà loin, que chacun restait encore silencieux et immobile sous le poids des diverses émotions que l'arrestation qui venait de se faire si subitement avait laissées en lui. Chez les uns, c'était de la pitié, chez les autres de l'indignation, chez tous c'était de la surprise, et l'on cherchait à deviner la cause de la colère du roi.

Enfin le roi Philippe parla quelque temps au maréchal qui se trouvait devant lui , et celui-ci se leva
de son siége.

— Maintenant que la justice de notre seigneur
le roi a eu son cours, dit-il, que les joutes commen-
cent , que les chevaliers entrent en lice la lance au
poing, que les menestrels entonnent les chants guerriers , et que les hérauts sonnent de la trompe !

Les trompettes résonnèrent aussitôt de toutes
parts , les chants s'élevèrent, et l'attention se porta
sur les deux adversaires qui rentraient dans le
champ-clos. — C'était le duc Jehan, fils aîné du
roi , et le sire de Saint-Venant, désigné pour être
son adversaire.

— Noblesse ! noblesse ! Honneur aux fils des
preux ! crièrent à haute voix les hérauts.

Et les deux chevaliers , après avoir tournoyé en
sens divers , dirigeant leurs coursiers avec dextérité
et avec grâce , vinrent s'arrêter , le duc à la tente
de l'appelant, le sire de Saint-Venant à celle du défendant.

Les trompettes et les chants retentirent encore ;
et tous deux s'affermissant sur leurs selles , partirent au galop, la lance en avant , et se ruèrent l'un
sur l'autre.

Il s'éleva une poussière épaisse, on entendit un

rude choc d'armes, et quand le nuage poudreux se fut abaissé, on vit les deux chevaliers revenir au lieu opposé à celui d'où ils étaient partis. Un instant arrêtés, ils maîtrisèrent leurs destriers étourdis du choc, et se précipitèrent de nouveau.

Cette fois, la poussière s'éleva moins épaisse, et l'on vit l'arme du sire de Saint-Venant venir frapper violemment la cuirasse du prince.

Ébranlé, celui-ci se plia en arrière, chancela longtemps, puis le cheval se cabra, partit au galop, et le cavalier roula à terre, étourdi par la force du coup de son adversaire qui, de l'autre côté de la lice, retournait à son camp, faisant noblement caracoler son coursier.

Le retentissement de ses armes sur la terre avertit le roi et les seigneurs de la chute du duc ; l'inquiétude s'empara de tous, et se témoigna vivement aux échafauds des dames ; mais avant qu'on eût prononcé une seule parole, le duc était debout, enfourchant de nouveau son destrier, et recevant une nouvelle lance d'un sergent d'armes.

— Noblesse ! noblesse ! répétèrent les hérauts, et les ménestrels reprirent leurs chants guerriers.

La lutte recommença plus forte et plus terrible. Le duc voulait réparer la honte de sa chute. Un nouveau choc se fit avec un retentissement horrible, les lances volèrent en éclats, et les deux chevaliers saisirent aussitôt l'épée courtoise, qui, malgré sa *courtoisie*, était si lourde qu'un seul de ses coups aurait pu assommer un homme, s'il n'eût eu casque ni morion. Et les voilà tous les deux, abandonnant les rênes à leurs coursiers, faisant tournoyer au dessus de leur tête cette lourde masse de fer, et s'attaquant avec vigueur.

Il était beau de les voir ainsi, agiles et forts, porter ou parer les coups, se baisser ou s'élever sur leurs selles, se plier, se pencher, se cabrer, avec une rapidité telle qu'on eût cru voir deux serpents en lutte, cherchant à s'atteindre et à trouver l'endroit où ils pourront se saisir.

Les coups se multipliaient avec tant de vitesse, ils pleuvaient si nombreux, que c'était dans l'enceinte un bruit continuel de fer qui choque du fer. On eût dit que dans cette lice, au milieu de ce tourbillon de poussière qui s'élevait autour des combattants, il se forgeait une armure, tant le bruit répété des coups ressemblait à celui que fait le marteau sur l'enclume du forgeron.

Épuisés, haletants, les adversaires n'avaient pu encore parvenir à se terrasser, et toujours ils levaient cette lourde épée et la laissaient retomber lourdement ; leurs armures étaient déjà bossuées et faussées en bien des endroits, et aucun avantage n'avait encore été remporté. Chacun admirait les nobles coups qui se distribuaient, et l'enthousiasme se témoignait par des cris, par des trépignements ; les dames surtout, les dames, le corps penché sur l'arène, prodiguaient les encouragements et les louanges ! lorsque, sans attendre que la victoire se décidât, le maréchal fit cesser le combat. Le roi d'armes descendit aussitôt dans l'enceinte, et les deux chevaliers se quittèrent à regret, désespérés qu'ils étaient de ne pouvoir se vaincre. Puis ils sortirent de la lice au milieu des fanfares, des chants vainqueurs et des applaudissements.

Puis les hérauts répétèrent encore : Noblesse ! noblesse ! honneur aux fils des preux ! et les chants des ménestrels s'élevèrent de nouveau.

Le connétable Raoul, comte d'Eu et de Guignes entrait dans la lice suivi du jeune chevalier qui avait si courageusement défié les chevaliers bretons qu'il accusait. Après avoir fait le tour de l'enceinte, et être venu se placer aux deux tentes, les chevaliers se préparaient à fondre l'un sur l'autre, lorsque le connétable fit signe qu'il voulait parler.

— Je suis du sang royal des princes de Jérusalem, cria-t-il à haute voix, et je ne peux mesurer la force de mes armes avec un aventurier inconnu.

Un murmure accueillit cette parole , et le jeune chevalier accourut.

— Qu'est-ce à dire ? monseigneur , répondit-il vivement , doutez-vous de moi ou de ma noblesse ? Par le Christ ! si cela était......

— Assez ! s'écria le roi en se levant, assez ! messire connétable , je vous ordonne de vous mesurer avec ce jeune seigneur , il est de telle noblesse et si bon chevalier , que je n'hésiterais pas à le faire moi-même.

— Qu'il soit donc ainsi fait ! reprit le connétable.

Et les deux champions rejoignirent leurs tentes , et se précipitèrent en avant. Au premier choc , la lance du jeune chevalier frappa si vigoureusement le connétable qu'elle se brisa , et que le bois gagnant le défaut de l'armure , y entra poussé par une main robuste.

— Ah ! cria le connétable, et il tomba lourdement sur la poussière.

Le jeune chevalier sauta précipitamment à bas de son destrier , et accourut à son adversaire dont la bouche vomissait le sang. Toute l'assistance avait quitté sa place et regardait inquiète.

— Malheur ! malheur ! il est blessé ! s'écria avec douleur le jeune chevalier.

Il y eut une rumeur qui s'éleva de toutes parts et qui s'apaisa bientôt. Les hérauts emportèrent le connétable et les fanfares sonnèrent pour célébrer la victoire. Mais le jeune chevalier sortit rapidement de l'enceinte, et se déroba à un triomphe qui coûtait aussi cher à la France, et qui allait peut-être la priver d'un de ses meilleurs guerriers.

Le soir après le tournoi, il y eut un repas somptueux dans la grande salle du palais. La fête dura bien avant dans la nuit, et l'on put remarquer deux places qui restèrent constamment inoccupées pendant le festin. C'était celle du connétable qui gisait sur un lit de douleur, et celle de son jeune adversaire qui avait refusé de prendre part à la fête.

Quelque temps après ce qui vient de se passer, un maître sculpteur achevait les ornements d'un tombeau en marbre, et le maître charpentier de la prévôté, accosté du maître des hautes-œuvres, dressait un échafaud sur la place du Châtelet de Paris.

Or le tombeau était celui qui devait recevoir le corps de messire Raoul I, comte d'Eu et de Guignes, connétable de France, mort le lendemain du tournoi des suites de sa blessure; et l'échafaud était celui où les chevaliers bretons allaient venir expier leur trahison et leur crime dévoilés par un jeune seigneur breton, de la famille des sires d'Hennebon, famille sincèrement dévouée au roi Philippe.

Et lorsque l'échafaud fut dressé sur la place du Châtelet, les seigneurs bretons y montèrent tous et la tête leur fut tranchée.

Puis quelques heures après, le maître des hautes-œuvres se fit apporter sur le quai huit sacs en cuir qui contenaient les corps des suppliciés, et les tenant penchés sur l'abîme, il s'écria :

— Ainsi périssent les traîtres et les félons qui passent des traités secrets avec l'Anglais et lui vendent en détail notre beau pays de France !

Les corps tombèrent à l'eau avec fracas, et l'exécuteur ajouta à voix haute :

— Laissez passer la justice du roi !

LE FILS DE LA JUIVE.

—

1346.

I.

La France venait de perdre la bataille de Crécy,
qui l'avait rendue veuve de l'élite de sa noblesse ; la
ville de Calais était devenue, depuis peu de temps,
la proie de l'Anglais ; et, comme si ce n'eût pas été
assez de tous ces malheurs, un vent de mort souf-
flait la ruine et la désolation sur le royaume. La
peste noire ! tel était le nom du fléau qui pesait sur
notre patrie en l'année 1346, la dix-huitième du

règne malheureux de Philippe de Valois ; fléau sans pitié, que rien n'arrêtait dans sa course destructive, et qui frappait aussi bien à la porte dorée du palais qu'au guichet mal fermé du bouge. Rois ou moines, princes ou bourgeois, gentishommes ou manants, tout était atteint sans distinction de rang ou de puissance.

Cependant, si la contagion décimait les habitants de toutes les villes du royaume, c'était pour Paris qu'elle semblait avoir réservé ses douleurs les plus aigues, ses tortures les plus déchirantes. L'horrible peste s'était dressée tout-à-coup sur la grande cité, et, étendant ses bras décharnés de l'un à l'autre bout, elle paraissait vouloir l'anéantir tout entière dans son étreinte convulsive. C'était un bien affreux spectacle que celui qu'offraient les rues, les places, les carrefours de Paris à cette époque. La mort à chaque pas, mais une mort hideuse et infecte ; le silence partout, mais un silence de deuil, de crainte et d'horreur ! La terre était jonchée de cadavres ; les maisons fermées avec soin. Personne dans les rues ; ou si, par hasard, quelque isolé piéton se hasardait à les traverser, il se prenait à courir de telle force, que l'on eût pu croire qu'il était poursuivi par le fléau dont il cherchait à éviter l'atteinte. Au milieu de cette calamité générale, aucun lien ne subsistait : l'ami fuyait son ami, le mari sa chère compagne, le fils même, le fils craignait de trouver la mort cachée sous les baisers de sa mère!..... L'égoïsme régnait alors en maître , il triomphait de tous les sentiments , même des plus sacrés , tant le vertige de la peur s'était emparé de toutes les âmes !

Quelques femmes peut-être étaient les seules qui ne fussent point frappées de cette autre peste du cœur , et qui, pleines d'amour et de dévouement, cherchassent une mort assurée en prodiguant des soins à leurs enfants. C'est qu'une mère vit plus souvent en son fils qu'en elle-même; c'est que l'enfant prend presque toujours la plus forte part de cette existence de mère, répartie en deux corps.

Parmi ces femmes dévouées, la plus dévouée, sans contredit, était Sara Félix. Son nom n'était jamais prononcé qu'avec respect et reconnaissance dans la rue de la Parcheminerie, qu'elle habitait, et tous ses voisins, loin de la fuir, s'approchaient d'elle avec espérance et sûrs de trouver , sinon un remède efficace à leur souffrance , au moins une consolation dans ce moment de détresse...

Elle vivait retirée avec son fils , jeune enfant sur lequel elle concentrait tout son amour, car le fléau l'avait rendue veuve, et Jacob était le seul gage qui lui restât d'une union chérie. Cependant, sa famille ne se composait pas seulement pour elle de cet être si tendrement aimé; elle regardait comme ses frères tous ceux dont la rue était peuplée, car ils étaient tous juifs comme elle, et ces malheureux, à cette époque, honnis et repoussés, ne trouvaient que dans leur union une compensation au mépris qui les avait relégués dans un des coins de la ville. C'était donc à ce titre de juive qu'elle devait l'amitié de tous ses voisins; mais ce qui la rendait plus chère encore, c'était la connaissance qu'elle avait de certaines compositions antipestilentielles, connaissance qu'elle avait acquise pendant un séjour de plusieurs années en Orient. Le breuvage qu'elle composait n'avait pas laissé que d'avoir d'heureux résultats, employé à l'origine du mal, et d'attirer sur la bienfaisante Sara la reconnaissance de ceux qui l'entouraient.

Comme la juive ne se montrait pas avare du trésor de santé qu'elle possédait, il arriva un matin que ce trésor se trouva épuisé. Cependant, ce jour là, comme si la peste eût connu l'extinction de son ennemi, elle redoubla de fureur, et bien des voix se firent entendre à la porte de Sara, bien des voix qui imploraient sa pitié. La pauvre femme fut émue de compassion, et elle pensa à recomposer le breuvage salutaire. Tout-à-coup, elle s'aperçut qu'il lui

manquait une des plantes nécessaires à la mixtion ;
elle appela son fils.

— Jacob, — dit-elle, — mon enfant, entends-
tu ces voix lamentables qui s'élèvent de la rue ?

— Oui, ma mère, — répondit Jacob, — ce
sont celles de Daniel Ledohé et de Job Kaufmann
qui sont atteints de la peste.

— Pauvres amis !... S'il ne dépendait que de toi
de les sauver, mon fils ?...

— Je le ferais, ma mère... Parlez : comment le
puis-je ?

— En traversant la ville, — reprit Sara...
Mais tout-à-coup elle s'arrêta, ses joues devinrent
pâles, et ses yeux se mouillèrent de larmes.

— Non, non; c'est impossible ! — ajouta-t-elle
vivement, et comme se parlant à elle-même. —
Pauvre enfant ! ce serait sacrifier sa vie pour sauver
la leur..... Oh ! je ne le puis...

— Qu'avez-vous, ma mère? — s'écria l'enfant,
en remarquant l'émotion qui décomposait les traits
de la juive.

— Jacob, — répondit-elle en hésitant..... —
ne vaudrait-il pas mieux les laisser trépasser sans
secours?

— Oh! ma mère, que dites-vous là ?...

— C'est mal... bien mal, je le sais, mon enfant;

mais c'est qu'une pensée affreuse m'est venue... En traversant cette ville... au milieu des cadavres qui la remplissent... tu respireras un air fétide et dangereux... et peut-être...

La voix manqua tout-à-coup à la pauvre mère, et des sanglots s'échappèrent de sa poitrine.

— Eh! qu'importe, mère, — répondit résolument Jacob, — la loi de Moïse ne dit-elle pas: Prêtez-vous aide et reconfort les uns aux autres? — Ce sont nos frères... j'irai.

— Oh! oui, tu as raison, mon Jacob chéri... oui, tu es la gloire de la pauvre Sara, — s'écria-t-elle en l'embrassant..... — Dieu t'accordera sa merci... il me pardonnera mon hésitation, quand il verra l'immensité du sacrifice que je fais...

— Je traverserai la ville, et je me rendrai... dans quel lieu?

— A la culture Saint-Nicolas, derrière l'abbaye..... c'est là seulement que tu trouveras la plante nécessaire à la composition de ce breuvage.....

Elle lui donna alors, d'un ton calme, toutes les instructions qui devaient faire reconnaître à l'enfant la plante d'où dépendait la vie de tant de gens; puis, quand elle eut fini, elle ajouta, d'une voix redevenue tremblante d'émotion :

— Pars maintenant, mon Jacob bien-aimé... je te mets sous la protection du patriarche dont tu portes le nom..... fais diligence, évite avec soin les rues fréquentées dans les temps ordinaires : ce sont les plus dangereuses dans ces moments de contagion... Si quelque passant, fût-ce un de nos frères, t'appelle et veut te retenir, fuis à toutes jambes, et souviens-toi que de ta promptitude dépend le salut ou la mort de bien des infortunés... de ta mère même ; car s'il me fallait te perdre, cette vie ne serait plus pour moi qu'une vallée de larmes, et il ne me resterait plus qu'à me couvrir du cilice.

La malheureuse mère, brisée par la douleur que lui causait le départ de son fils, pleurait abondamment. Jacob, profitant de ce moment, s'élança vers la porte.

— Adieu, mère ! — s'écria-t-il d'une voix que l'enthousiasme avait rendue ferme, -- Dieu protégera celui qui se dévoue pour son peuple.

— Non... Jacob... mon fils !... je veux que tu restes — répétait la pauvre Sara, au milieu des sanglots....

Le sacrifice était au-dessus de ses forces ; elle se précipita vers lui pour le retenir, mais il n'était plus temps ; le bruit que fit la porte en retombant lourdement lui apprit que son fils était parti pour ne plus revenir peut-être. Une sueur glacée inonda le corps de la juive, mille images funèbres passèrent devant ses yeux ; froide, haletante et sans forces, elle se laissa glisser sur les genoux, et chercha dans la prière un refuge contre les angoisses cruelles de l'anxiété.

II.

Dans le quartier des Innocents, non loin du monastère de Sainte-Agnès, on voyait une petite maison, dont le pignon s'avançait de quatre pieds environ sur la rue. Cette maison, quoique petite, semblait appartenir à quelque riche bourgeois ; la charpente en était travaillée avec plus de soin que celle des bâtisses voisines ; et une image de saint, grossièrement sculptée dans le bois, au sommet du pignon , donnait à entendre que le propriétaire n'avait rien épargné pour que sa demeure fût une des plus reconnaissables du quartier.

Cependant, le jour dont je vous parle, ce n'était ni le soin apporté à la charpenterie, ni l'image du bienheureux, qui attiraient les regards des rares passants ; un groupe de pestiférés hurlait à la porte de cette demeure , implorant des secours qui n'arrivaient pas. Les plus malades, épuisés par des clameurs inutiles, trouvaient bientôt dans la mort un remède à leurs maux ; mais le bruit ne cessait pas ; de tous côtés des malheureux se traînaient vers cette demeure , comme vers un port de salut , et venaient augmenter l'encombrement de la porte. Les cris, d'abord lamentables, ne tardèrent pas à devenir furieux , à cause du silence de l'intérieur. Quelques-uns des plus robustes cherchèrent à ébranler la porte , mais elle résista à leurs efforts ; des pierres furent lancées aux fenêtres , mais les fenêtres restèrent closes.

— Le damné physicien ! — criait l'un , — il garde ses remèdes de satan pour lui.....

— Le pauvre monde n'a pas droit à sa merci, — disait un autre....

— Mettons le feu à sa maison de sorcier, — disait un troisième.

Il était probable que cet avis allait être suivi , et qu'un brandon ne tarderait pas à être lancé sur la propriété du médecin , lorsque les dix ou douze malheureux que la crainte de la mort avait poussés à la fureur , virent une petite troupe déboucher de la place et se diriger vers la maison.

— Le voilà ! — s'écria un d'eux. — Notre-Dame , donnez-lui le pouvoir de nous guérir !

Aussitôt, ils se précipitèrent vers lui ; mais les hommes d'armes qui escortaient le médecin repoussèrent ces malheureux avec leurs piques , et ils allèrent tomber de divers côtés , abattus comme des épis mûrs.

Outre le groupe de soldats , qui entourait le médecin , quelques hommes suivaient avec un tombereau , et s'occupaient à débarrasser les rues des corps qui les encombraient. Le matin même , le physicien , qui était celui du roi Philippe , avait déclaré que , sans cette mesure, il n'y avait aucun espoir de faire cesser le fléau.

— Qu'est-ce que cela, — s'écria-t-il , en approchant de sa maison. — Qu'on enlève tous ces corps !

Ses ordres furent exécutés avec empressement; et, quand l'opération fut achevée, le médecin , tirant une longue fiole de sa mante, en versa le contenu sur le pavé , qui répand bientôt une forte odeur de lavande. Il distribua à tous ceux qui l'avaient escorté une petite quantité de cette liqueur , qui fut reçue par eux avec avidité ; puis, il entra dans sa maison , suivi d'un jeune homme , qu'on n'avait pas encore remarqué , tant il se tenait modestement derrière son maître, et de trois hommes d'armes , qu'on avait spécialement destinés à son service , et qui devaient être prêts à lui obéir en tout.

Quand le médecin se fut retiré dans son laboratoire avec le jeune homme dont nous avons parlé , son premier soin fut de jeter sur un réchaud quelques plantes sèches , dont la fumée s'éleva bientôt , et de se frotter les mains et les tempes avec du camphre. Le jeune homme imita son maître en tout, et lorsque l'un et l'autre eurent pris toutes ces précautions contre le fléau , le physicien se laissa aller dans un fauteuil sculpté, et parut réfléchir profondément.

— Olivier , — dit-il enfin , en s'adressant au jeune homme , qui n'avait pas fait un mouvement pendant la méditation de son maître , — mon digne élève , approche et rends-moi compte de tes découvertes sur la terrible maladie.

— Je n'ai rien découvert de positif, maître.

— Par Esculape! voilà qui est étrange... Les symptômes?..,

— Sont variés comme les nuances de l'arc-en-ciel.

Le physicien retomba dans sa rêverie, après avoir laissé échapper une exclamation intraduisible.

— Combien de morts dans la Cité? — demanda-t-il tout-à-coup.

— Huit cents , — répondit Olivier, d'un ton calme.

— Combien dans l'Université?

— Mille.

— Ceci ne m'étonne pas; les pots d'étain du tavernier contiennent une potion nuisible en ces temps de malheur... Et dans la Ville?

— Les corps ne sont pas encore comptés...

— Bien !... Maintenant, Olivier, voici la question dont la réponse est pour moi du plus haut intérêt... combien de morts chez les juifs?

Olivier garda quelques instants le silence, comme embarrassé de la réponse qu'il allait faire. Pendant ce temps, son maître fixait sur lui des yeux vifs et perçants, et s'était soulevé sur les bras , en se penchant vers son élève : on eût dit que sa vie était attachée aux mots qui allaient sortir de la bouche d'Olivier.

— Cinq! — répondit enfin celui-ci...

— Par le ciel! — s'écria le médecin, en se laissant retomber sur son siége... — ces chiens de juifs sont-ils donc protégés de Dieu... cinq! — répéta-t-il, en se levant et en se promenant à grands pas... cinq! n'est-ce pas une honte, quand les chrétiens tombent par milliers.... Sorciers!.... infâmes sorciers!... L'art est impuissant... on devrait allumer pour eux la chaudière de la Place aux pourceaux... Cinq!... seulement!

Olivier, qui avait suivi son maître des yeux, se hasarda à l'interrompre...

— On parle d'une Sara Félix... qui posséderait un secret... — dit-il timidement...

— Ne m'en parle pas! — s'écria le physicien, au comble de la colère, — ne m'en parle pas, Olivier, ou je te chasse... Un secret!... je le connaîtrais.... La science n'a plus de mystères pour moi... sorcellerie, je te dis...... sorcellerie de la fille de Satan!.... à moins que le bruit qui se répand n'ait quelques fondements... Sais-tu cela, Olivier? on a dit que ces juifs avaient empoisonné l'eau.

— Ne serait-ce pas possible, — maître?...

— Non!... cela est faux... c'est bien une peste, une horrible peste.... Cependant il faut laisser ce bruit se répandre... il le faut pour notre honneur.

— Eh ! bien , maître, je crois à ce bruit, moi ;
et si je vous prouvais qu'il a de la consistance...

— Comment ! — s'écria le médecin d'une voix
tonnante... — comment me prouveras-tu cela, Olivier ?... dit-il en s'avançant précipitamment vers
son élève et en le regardant fixement... — Si tu y
parviens, je te donne tous mes secrets , et rien ne
manquera plus à ta science.

— Maître, le fils de la juive Sara s'est rendu ce
matin à la culture Saint-Nicolas, derrière l'abbaye ;
et je l'ai vu cueillir une plante dont la propriété est
vénéneuse.... Il commençait à peine sa provision
quand j'ai quitté la culture ; j'ai fait diligence , et
si vous voulez, nous pourrons encore le saisir au
passage , quand il traversera les Innocents.

— Viens, Olivier, suis-moi... — fit le médecin,
avec précipitation : une fois cette plante entre mes
mains, je les perds tous , pour leur faire payer le
mal qu'ils m'ont causé.

Le médecin , son clerc et les trois hommes d'armes allèrent se poster sur la place des Innocents ,
où Jacob devait passer pour regagner le quartier
des juifs.

Cependant, Jacob, ayant fait ample provision de
la plante à laquelle ses frères allaient devoir la vie ,
revenait gaîment et d'un pas leste. Les herbes, atta-

chées en bottes, étaient placées sur sa tête pour que rien ne gênât sa marche, et, chemin faisant, il pensait au bonheur qu'allait éprouver sa bonne mère en le revoyant.

— Pauvre mère, — se disait-il, — quelle sera sa joie!... comme les larmes qu'elle doit verser en ce moment se sécheront vite sous mes baisers... le patriarche Jacob, mon patron, m'a protégé jusqu'ici, et j'espère qu'il ne m'abandonnera pas.... me voici quasi aux Innocents et de là à la rue de la Parcheminerie, je n'aurai nul danger à craindre.

C'est au milieu de ces pensées agréables qu'il longea les murs de Sainte-Agnès, et qu'il déboucha sur la place.

— Le voilà, — s'écria Olivier, — en se tournant vers son maître, — voyez-vous l'ample moisson qu'il a faite.

— Mes maîtres, — fit le physicien, — en indiquant Jacob aux hommes d'armes, — que l'un de vous arrête cet enfant au passage?

Un des hommes se prépara à obéir; Jacob avait aperçu le petit groupe, et il avait hésité un instant, ne sachant pas s'il devait avancer ou retourner sur ses pas. Mais cette dernière pensée fut bientôt rejetée par lui.

— Mes frères qui sont là bas mourants n'ont pas

le temps d'attendre la demi-heure que me ferait
perdre un détour... et puis, quel mal ces chrétiens
peuvent-ils me faire ?

Il avança donc résolument ; mais à peine avait-il
fait quelques pas, qu'il se vit entouré par les
trois soldats, et qu'un d'eux lui mit la main sur
l'épaule.

— Allons ! graine de juifs, — dit l'homme, il
faut nous suivre, et venir parler au physicien de
notre sire le roi.

— Le physicien du roi ! — pensa Jacob, — je
suis perdu !

Et retrouvant la présence d'esprit que la première
surprise lui avait fait perdre, il s'écria, en se tournant vers le soldat qui le tenait : '

— Malheureux ! ne me touchez pas.... j'ai la
peste !

Ce mot terrible lui ouvrit le passage, les trois
hommes d'armes reculèrent avec effroi, et Jacob se
mit à courir de toute la force de ses jambes.

— Les insensés le laissent échapper ! — s'écria
Olivier, en voyant Jacob qui fuyait. — Maître,
soyez tranquille, je jure Dieu qu'avant une heure
vous aurez ces herbes !

Olivier se préparait à courir dans la direction
qu'avait prise Jacob, mais il n'eut pas besoin de

faire preuve d'agilité; le pauvre petit juif n'était pas
à une portée d'arbalète, qu'il se sentit saisi d'un
froid glacial, ses jambes plièrent sous lui, et il s'af-
faissa, laissant rouler loin de lui le paquet de plantes
qui fut bientôt en la possession du médecin.

III.

— Bien visé ! Claude Collet , — s'écria 'le médecin quand il eut vu tomber Jacob ; — voilà un coup d'arbalète qui te rapportera trois sous parisis , mon maître... Cours maintenant, Olivier, va ramasser cette liasse d'herbes qui m'appartient enfin ; et , ne crains rien , le fils de sa mère est trop bien accommodé pour qu'il songe à se défendre.

Tout en parlant, le médecin avait tiré quelques

monnaies de son escarcelle et payé au soldat son lâche assassinat. Car, ce qui avait si inopinément arrêté le pauvre petit juif dans sa course, n'était pas la peste, comme tout pouvait le faire présumer, mais bien un trait d'arbalète lancé par ordre du méchant physicien. Avant que le soldat eût mis fin à ses remercîments, Olivier était revenu, apportant triomphalement les plantes tant désirées.

— Donne, mon féal, donne, — fit le maître qui s'avança précipitamment vers son élève et saisit le paquet avec avidité.

— Eh bien ! qu'avais-je dit ? — demanda Olivier en regardant son maître d'un air satisfait.

— Du poison ! de par Dieu ! C'est bien du poison ! — reprit le médecin, après un instant de silence.

— Vous voyez donc bien que ces réprouvés empoisonnent l'eau des fontaines... N'est-ce pas là une preuve irrécusable?

— Ce n'est rien, si cet enfant est mort; c'est beaucoup, s'il existe... Allons visiter sa blessure, et fasse Dieu qu'elle ne soit pas mortelle !

Après avoir fait signe aux soldats de l'attendre, le médecin s'approcha du lieu où Jacob était étendu sans connaissance, et se pencha vers lui pour reconnaître s'il était encore vivant. Quand il en eut acquis la certitude, il souleva l'enfant, et cherchant inutilement la place frappée du trait , il s'écria avec les signes de la plus grande surprise :

— Pas une blessure !... Serait-ce donc la peste ?... Mais non , de par Esculape ! — reprit-il, après un instant, — cela est impossible !... Sa figure est pâle, mais aucune tache violacée n'annonce la présence du fléau... Qu'en penses-tu , Olivier ?

— Je pense que l'adresse de Claude Collet n'a pas été mise en défaut , car il est bien certain que le trait de son arbalète a atteint ce damné petit juif... Mais je ne puis concevoir où le trait a été se nicher.

Le docteur porta les yeux de tous côtés, et s'écria tout-à-coup :

— Le voilà !... le voilà fixé dans un des pans de bois du pilori... C'est bien la direction... L'enfant a été frappé, mais la blessure est légère, sans doute.

Il se rapprocha de Jacob et l'examina de nouveau. Enfin, après une recherche minutieuse, il découvrit sous la longue chevelure de l'enfant les traces du passage du trait le long de la tempe gauche, et il déclara aussitôt que Jacob n'était qu'évanoui ; circonstance qu'il s'expliqua facilement en pensant à la douleur que le petit juif avait dû ressentir, étant frappé à cet endroit.

Sans donner le moindre soin au blessé, sans même essayer à faire cesser son évanouissement, le médecin appela les hommes d'armes et leur ordonna de transporter Jacob dans sa demeure.

Malgré la brièveté du trajet et l'absence des passants à ce moment de danger, ces cinq hommes, emportant un enfant, ne purent pas arriver jusqu'à la maison doctorale sans être remarqués. Un homme renfermé dans son logis les aperçut à travers les vitres.

— Qu'est-ce que cela ? — se dit-il, — voilà maître du scalpel qui vient de chercher une proie à disséquer, en dépit des ordonnances.

Cependant, le physicien et ses acolytes étaient parvenus à la maison dont la porte s'était refermée sur eux. Les hommes d'armes avaient déposé Jacob, toujours évanoui, dans une salle contigue au laboratoire, et s'étaient retirés. Le maître et l'élève, seuls avec le petit juif, le regardaient tous deux, le premier avec un air de vengeance satisfaite, le second avec la plus froide indifférence.

— Grâce à cet enfant, — dit le maître en souriant, — je perdrai la sorcière dont les cures merveilleuses m'ont été si souvent nuisibles. Viens,

Olivier, viens, car il faut que tu saches la cause véritable de ma haine contre cette femme.

Ils rentrèrent dans le sanctuaire des sciences, et le physicien, après avoir enfermé Jacob, reprit la conversation.

— Écoute, ami,—dit-il à Olivier,—je ne veux rien avoir de caché pour toi... Jusqu'à présent tu as pensé que le physicien était seul intéressé à la perte de cette damnée juive. Fou que tu es !... Que me font à moi, après tout, quelques trépassés de plus ou de moins? Suis-je l'ami ou le parent de ceux qui meurent pour en prendre souci? Et n'ai-je pas, pour protéger ma réputation, cette peste cruelle que chacun croit sans remède? Tu vois donc bien qu'il faut qu'une autre pensée m'agite... La vengeance que je tiens aujourd'hui entre mes mains est désirée depuis longtemps. Je veux la vie de cette juive en échange d'une autre existence protégée par elle contre moi... Tu sais qu'une mortelle haine fermente depuis longues années dans le cœur des membres de ma famille contre les sires de Péquigny... Le soir du funeste désastre de Crécy, j'étais arrivé trop tard pour être admis dans le château qui reçut le roi, et, forcé de chercher un abri dans le village voisin, je heurtai à la porte d'un bouge de manant. Il se passa plusieurs instants avant qu'on me répondit ; enfin un homme se présenta.

— Un gîte pour la nuit ! lui dis-je.

— Je voudrais qu'il plût à monseigneur d'aller plus loin , — me répondit-il.

— Je suis physicien du roi !

A peine eussé-je prononcé ces mots, que l'homme, au lieu de me repousser, se hâta de m'introduire, en répétant à plusieurs reprises :

— C'est le ciel qui l'envoie !

— Je compris bientôt ce qu'il voulait dire. On m'introduisit dans une salle enfumée, et je vis , à la lueur d'une résine, un chevalier, couvert de blessures , étendu sur la paille. On réclamait mes soins pour le blessé... Je me penchai vers lui... et, juge de ma joie, en reconnaissant Gauthier de Pé-quigny , mon plus mortel ennemi !... Je savourai petit à petit les délices de la vengeance ; je me fis reconnaître, et je me retirai après lui avoir refusé mes secours. Ce fut sur le seuil de la porte, en me retournant , que j'aperçus, pour la première fois , cette damnée juive. Je ne sais quel démon l'avait envoyée en ce lieu.

— Homme sans pitié ! — s'écria-t-elle, — tu lui refuses les secours de ton art, mais je le sauverai.

— Je sortis sans en entendre davantage ; mais il y a quelque temps, je vis qu'elle avait tenu parole : Péquigny était à la cour, faible encore, mais entièrement guéri. Maintenant que j'ai tout dit, Olivier, comprends-tu ma joie ?... Je tiens en ma puissance la vie de cette femme, et si, comme tu le disais ce matin, elle possède véritablement un secret, j'en obtiendrai la connaissance, tout en satisfaisant ma haine.

— Qu'allez-vous faire ?

— Me rendre chez monseigneur le roi, accuser la juive, et, si mon accusation n'est pas repoussée, ce qui est certain, livrer cet enfant au bourreau, afin qu'à force de tortures, il lui arrache les aveux nécessaires.

— Bien pensé ! par le ciel ! s'écria Olivier.

— Oui, mon fidèle ! — reprit le maître en souriant, — et j'espère que bientôt la chaudière de la Place aux pourceaux servira de logis à Sara Félix.

— Amen ! — ajouta l'élève.

Après quoi ils sortirent tous deux. Olivier, sur l'ordre de son maître, devait parcourir les divers quartiers de la ville et y répandre des bruits d'empoisonnement, tandis que le médecin irait porter son accusation au roi. Ils se séparèrent.

Cependant, Jacob, que le maître en médecine

faisait entrer pour une si grande part dans ses plans de vengeance, Jacob, laissé seul et privé de connaissance dans la salle voisine du laboratoire, avait été peu à peu rappelé à lui par la fraîcheur de l'appartement. D'abord, ouvrant les yeux, se soulevant sur les bras, et portant ses regards de tous côtés, il s'était étonné de se trouver entre quatre murs, dans une chambre qui lui était tout-à-fait inconnue. Mais bientôt, après s'être, à plusieurs reprises, passé la main sur le visage, une légère douleur qu'il ressentit en se touchant la tempe, lui rappela ce qui s'était passé et lui donna le désir d'apprendre en quel lieu il se trouvait. Il se leva doucement et prêta l'oreille : une voix qui semblait partir d'un lieu très rapproché, attira son attention ; il écouta, et bientôt il entendit prononcer le nom de sa mère; le physicien du roi lui revint à la mémoire. Il se coucha sur les dalles, et, collant son oreille à la porte de communication, il ne perdit pas un mot de la conversation. Il apprit ainsi le plan de vengeance du médecin.

Quand Jacob fut certain que le maître et l'élève s'étaient retirés, il se releva, et fondant en larmes :

— Pauvre mère ! se dit-il, le méchant physicien veut ta mort... il veut me faire mettre à la question comme un criminel !...

Mais bientôt, mettant fin à ses pleurs, il se redressa fièrement :

— Eh ! bien, non !... par le dieu d'Israël ! cela ne sera pas !... Ils comptent sur moi pour accuser ma mère... je me tuerai !... Oh ! non... c'est défendu par la loi de Moïse... Mon Dieu ! que faire ?... Si je pouvais prévenir ma mère... nous partirions ensemble... nous irions loin... bien loin d'ici. — Mais comment sortir de cette chambre maudite ?... tout est bien fermé... Mon Dieu ! mon Dieu !... ma mère !...

Il se laissa tomber sur un escabeau, et, la tête dans ses deux mains, il parut réfléchir profondément sur les moyens de sauver celle qu'il aimait tant.

IV

Laissons Jacob se livrer à ses méditations et retournons à la rue de la Parcheminerie, auprès de cette mère que nous avons quittée au moment où elle cherchait dans la prière un refuge contre les tourments de l'inquiétude.

Pauvre femme ! combien fut longue pour elle l'heure qui suivit le départ de son fils ! combien de fois fut reprise et abandonnée cette prière en la—

quelle elle espérait pour calmer ses craintes. A chaque bruit de pas qui se faisait entendre dans la rue, elle se dressait sans haleine, l'oreille tendue, les bras ouverts et les yeux fixés sur la porte par laquelle elle espérait voir rentrer son fils; mais les pas s'éloignaient peu à peu, et Jacob ne rentrait point. Alors, la pauvre mère ! alors son inquiétude redoublait, et son oraison était reprise pour rester encore inachevée... Après bien des alternatives de crainte et d'espoir, elle porta, par hasard, les yeux vers le sablier... il était vide !... depuis bien des heures, peut-être... Il lui semblait que tant de temps s'était écoulé depuis le départ de son enfant chéri !

Absorbée par ses douleurs de mère, Sara ne pouvait donner aucune attention au murmure confus de voix qui s'élevait de la rue : toute voix qui n'était pas celle de Jacob lui était trop indifférente alors. Tout-à-coup, le murmure augmenta ; un coup violent fut frappé à la porte qui, mal jointe, se brisa avec fracas. Sara se vit en un instant entourée d'hommes et de femmes qui imploraient sa pitié.

— Sara, sauve mon frère du trépas !

— Sara, sois miséricordieuse !... du baume !... du baume !

Ce mot fut répété avec instance par tous ceux

qui avaient pu pénétrer jusqu'à la juive, et bientôt de nombreuses voix se firent entendre au dehors. Il se passa quelque temps avant que Sara pût bien comprendre ce que voulaient tous ces hommes qui ne cessaient de crier :

— Sauvez-nous du trépas ! Sara ! du baume !

Mais bientôt elle répondit à ces cris déchirants par un plus déchirant encore :

— Mon fils ! mon enfant ! Rendez-moi mon Jacob !

On eût dit, à l'égarement des yeux de la malheureuse mère, que sa raison n'avait pu résister à tant de tourments. Les pestiférés eux-mêmes la regardèrent avec étonnement et s'écartèrent pour lui livrer le passage. Elle n'hésita plus.

— Jacob ! — s'écria-t-elle d'un ton bref, — cherchez-le, sans lui je ne peux rien pour vous...

Aussitôt elle disparut suivie de tous ceux auxquels la maladie avait laissé l'usage de leurs jambes.

Le premier soin de Sara fut de se rendre à la culture Saint-Nicolas. Elle y remarqua les traces du passage de son fils : la plante, cause de son tourment, ne s'y montrait plus, mais on voyait çà et là des tiges dépourvues de leurs feuilles, et d'autres fraîchement brisées.

— Jacob est venu en ce lieu, — se dit la malheureuse mère, — ce n'est qu'en retournant au logis qu'il lui sera arrivé malheur.

Elle reprit donc le chemin qui conduisait à la rue de la Parcheminerie, mais sa marche fut plus lente cette fois. Apercevait-elle dans les rues le corps d'un enfant ! elle se baissait pour acquérir la certitude que ce n'était pas le sien. Un moment, non loin de la porte aux peintres, dans la grande rue Saint-Denis, son cœur battit avec violence... Un corps de la taille de celui de son fils, couvert d'habits pareils à ceux de son fils, gisait étendu, la face contre terre... Elle se précipita vers lui, égarée, folle..., le retourna... ce n'était pas Jacob ! Sa joie faillit lui être fatale, elle se sentit prise tout-à-coup de faiblesse et se vit forcée de s'appuyer le long d'une muraille. Mais bientôt, pensant à l'être si cher, objet de ses recherches, elle reprit ses forces et sa marche à travers les cadavres, appelant à haute voix :

— Jacob ! mon enfant, réponds-moi ! — criait-t-elle hors d'elle-même.

C'est dans cet état qu'elle arriva à la place des Innocens. Ses cris furent probablement entendus de l'homme que nous avons déjà aperçu derrière ses vitres, car il ouvrit sa fenêtre, malgré le danger qu'il y avait à le faire, et parut touché de la douleur de cette femme.

— Qui cherchez-vous ainsi? — lui demanda-t-il.

— Mon fils, maître, mon pauvre enfant; si vous l'avez vu, dites-le moi, par le Dieu d'Israël !

— Par le Christ ! c'est une juive, — murmura l'homme, et il referma son vitrail.

— Ayez pitié ! — criait toujours Sara qui semblait comprendre que cet homme pouvait lui donner des nouvelles de son enfant; — soyez généreux, mon maître, indiquez-moi le... Il portait un juste de serge verte et un bonnet de haute lice jaune. Je vous en conjure, ne repoussez pas une pauvre mère.

Elle tomba à genoux, et les mains jointes, elle resta tournée vers cet homme dont elle semblait implorer la merci. Ce dernier, qui n'avait pas quitté le vitrail, l'entrouvrit en hésitant et lui répondit enfin :

— Écoute, juive, j'ai vu l'enfant dont tu parles; mais si veux avoir sa chair avec ses os, hâte-toi, car il est entre les mains du physicien du roi qui l'a emporté pour le disséquer.

La pauvre mère jeta un cri qui retentit au loin, et tomba inanimée sur la place.

A ce même moment, Olivier rentrait chez son maître qu'il trouva dans son laboratoire se promenant à grands pas et en proie à la plus vive agitation.

— Te voilà, Olivier, — s'écria le médecin, — eh bien ! le bruit d'empoisonnement?...

— S'est répandu par toute la ville. Le peuple s'amasse et menace de massacrer les juifs.

— Il faut le laisser faire, Olivier : qu'est-ce que la vie de quelques centaines de juifs, pourvu que ma vengeance soit satisfaite? et elle le sera, par Dieu ! Monseigneur le roi a reçu mon accusation, mais il hésite à donner l'ordre de punir ces damnés infidèles... Il veut assembler son conseil, que de lenteurs !... Le peuple se chargera d'exécuter aujourd'hui, le conseil décidera demain.

Le médecin se préparait à sortir, Olivier l'arrêta.

— Maître, — lui dit-il, — j'ai fait ce que j'avais promis; j'ai réussi à prouver que les juifs empoisonnent l'eau... N'exécuterez-vous pas votre promesse à votre tour, et ne me donnerez-vous pas la clé de ce coffre de chêne dans lequel est enfermé le livre qui contient les secrets de votre science ?

Le maître, devenu pâle, regarda son élève pendant quelques instants sans pouvoir lui répondre.

— Mes secrets !... te livrer mes secrets ! — dit-il enfin.

— Vous me l'avez promis...

— Jamais !

— Maître, — reprit Olivier d'une voix ferme, — vous m'aviez dit : Venge-moi et rien ne manquera plus à ta science. Je vous ai vengé, montrez-moi ce livre !

— Plus tard...

— Aujourd'hui ! sur l'heure ! — s'écria l'élève en s'attachant aux vêtements de son maître.

— Non, non, — répétait le médecin en cherchant à éviter l'étreinte d'Olivier ; — ce livre où toutes mes pensées, où toutes mes recherches sont écrites, ne sera lu par d'autres yeux que lorsque les miens seront fermés pour toujours... Je t'ai trompé en te faisant cette promesse, il est au-dessus de mes forces de la remplir...

— Alors, malheur sur vous ! — murmura le jeune homme en laissant aller la mante qu'il tenait avec force.

Après un silence assez long, le physicien se rapprocha de lui.

— Allons, ami, — lui dit-il, — ne reste pas abattu ainsi... Ce livre t'appartiendra après ma mort... Jusque-là, jamais !... viens, suis-moi... Je vais exciter le peuple à me servir et j'ai besoin de ton aide.

— Je n'irai pas ! — répondit Olivier du ton d'un homme déterminé... — Je ne suis plus votre élève... Je vais faire un paquet de mes hardes et partir du logis pour n'y plus rentrer.

— Fais donc ainsi qu'il te plaît ! — dit froidement le médecin qui sortit après avoir pris la botte de plantes enlevée à Jacob.

Quand Olivier se trouva seul, il laissa couler des larmes de rage.

— Il m'a trompé ! disait-il amèrement, — il s'est servi de moi comme d'un instrument qu'on brise dès qu'il n'est plus utile !... Oh ! si je pouvais trouver cette clé... Mais non, il la cache en un lieu trop sûr... Si je pouvais m'opposer à la réussite de ses projets... Oh ! oui, oui, je le peux... Ce petit juif que nous avons oublié depuis tantôt deux heures, je vais le faire revenir à lui, puis le rendre à la liberté afin qu'il prévienne sa mère... et...

Il en était là de ses réflexions, quand un coup frappé à la porte vint l'interrompre. Il alla ouvrir, et une femme hors d'elle-même se précipita dans la maison en criant :

— Mon fils ! Jacob !... rendez-le moi mort ou vivant.

— Il vit, — répondit Olivier, — mais parlez bas, Sara ; si le physicien rentrait vous seriez perdue... Venez, hâtons-nous... Je veux vous sauver, votre fils est en haut... Je vais vous le rendre, puis après partez, quittez Paris, ou ce soir vous êtes morte.

— Mon enfant ! je veux voir mon enfant !...

— Venez donc ?

Olivier monta, suivi de Sara, traversa le laboratoire, et soulevant la barre qui retenait la porte de la salle où Jacob était enfermé, il livra passage à la juive qui se précipita au-devant de son fils.

— Personne ! — s'écria-t-elle tout-à-coup avec angoisse. — Jeune homme, vous m'avez trompée !...

— Rassurez-vous, — reprit le clerc surpris, — peut-être aura-t-il trouvé moyen de fuir... Il n'en faut plus douter, — ajouta-t-il en portant les yeux vers la fenêtre, — ces escabeaux placés les uns sur les autres lui auront servi à gagner le vitrail, et il se sera sauvé par là, à l'aide d'un petit pignon qui se trouve en dehors...

— Mais où est-il maintenant ? — demanda la pauvre mère en se tordant les mains de désespoir.

— Dans votre logis, sans doute. Partez, et croyez-moi...

La juive n'en entendit pas davantage et disparut sans même remercier Olivier. Celui-ci ne tarda pas

à sortir, satisfait d'avoir, comme il le croyait, sous-
trait cette femme à la vengeance de son maître ingrat. Ne croyez pas cependant que le clerc ressentît
alors ce bonheur que l'on trouve dans une bonne
action : non, il faisait le bien par un sentiment de
haine. En sauvant la vie de la juive, il n'avait aucune idée arrêtée, c'était uniquement pour nuire à
son maître et en attendant qu'il pût causer la perte
de son ennemi d'une heure. Telles étaient au moins
ses réflexions tandis qu'il parcourait les rues em-
pestées.

Cependant Sara était de retour à la rue de la
Parcheminerie, et l'heureuse mère embrassait son
fils, son Jacob qui, sain et sauf, lui rendait ses
caresses avec amour. Hélas ! sa joie ne tardera pas
à être troublée.

V.

Jamais, peut-être, pendant toute la durée du fléau, la mortalité n'avait été si grande que le jour témoin des divers incidents de cette histoire. Il fut impossible de savoir au juste le nombre des victimes de cette fatale journée. Qu'on se figure donc, si l'on peut, le spectacle que Paris offrait vers le soir. Un morne et long silence? Le pavé des rues abandonné aux cadavres, sans qu'aucun vivant osât le fouler de son pied ? Pas un cri, pas une voix ? L'image d'une ville morte ? Non, rien de tout cela !... Un bruit sinistre et prolongé, les morts foulés aux pieds dans les rues pleines de peuple, des cris furieux, mille voix confuses, l'image d'une ville en un jour de colère et de vie. Le peuple avait, ce soir-là, oublié le danger ; pour lui il n'y avait plus de peste, il n'existait plus que des empoisonnements et des juifs à massacrer.

Hélas ! nous n'avons vu que trop souvent de pareils exemples de la fureur populaire ! Qu'une mortalité pèse sur une cité nombreuse, et qu'un homme prononce le mot d'empoisonnement, sa voix aura du retentissement au loin. Quelque stupide que soit l'accusation, elle sera accueillie avec empressement par des hommes exaspérés, et Dieu sait quel sera le nombre des victimes de ce bruit insensé. Cela fut de tout temps, et naguères encore, quand le choléra marquait bien des têtes du sceau de la mort, nous avons vu un exemple de cette cruelle vérité. — Mais revenons à notre histoire.

Le soir donc de ce funeste jour, le soleil se couchait en feu ; l'horizon semblait un volcan enflammé, et les rouges rayons de l'astre embrasé allumaient un incendie à chaque vitre de la grande ville. On eût dit qu'elle était livrée aux flammes, et qu'un autre fléau s'était joint, comme pour compléter sa ruine, à celui qui la décimait si cruellement. Il y avait quelque chose de triste et de pénible dans ces reflets rougeâtres éclairant une scène de deuil ; et pourtant ce n'était pas là ce qui laissait l'impression la plus vive. C'étaient ces murmures sourds , qui, partis des deux coins de la ville, se réunissaient à la place du Châtelet, et arrivés là, devenaient tumulte, cris furieux, rage insensée. Cette place était le foyer où s'allumait la vengeance ; cependant le peuple qui se pressait dans son enceinte n'était encore que tourmenté, bruyant, tumultueux. On sentait que pour faire de chaque homme un bourreau sans pitié, il ne manquait à la foule qu'une impulsion , qu'un signal donné. Personne n'avait encore donné cette impulsion ni ce signal ; ce n'était jusque-là que clameurs et menaces, lorsque tout à coup, vers le coin de la grande rue Saint-Denis, il se fit un mouvement dans la foule qui s'écarta bruyamment, et des cris s'élevèrent :

— Le voilà ! c'est lui !... le physicien du roi !

La nouvelle de l'arrivée du docteur fut reçue avec acclamation par le peuple, et la rumeur fut telle que bien des soupirs d'agonisants furent étouffés et perdus sous les cris des vivants, et que l'on ne s'aperçut de la mort de ceux qui tombaient frappés, que par le vide laissé un instant autour d'eux et rempli tout aussitôt. Le médecin, porté de bras en bras, arriva bientôt au milieu de la place ; il monta sur un tonneau qui lui servit de tribune, et de là fit signe qu'il allait parler. Cette foule, tout à l'heure si bruyante, devint muette à ce signe, et la voix du médecin se fit entendre.

— Bourgeois de Paris, — dit-il, — il y a eu hier huit cents trépassés dans la Cité, mille dans l'Université, plus du double dans la Ville ; et n'est-ce pas une chose étrange qu'au milieu de cette mortalité générale, un quartier, un seul, soit protégé par la peste, au point qu'il n'y ait que cinq morts sur une population de trois mille ames ?...

Un murmure sourd d'indignation se fit entendre.

— Les juifs ! ces damnés infidèles ne peuvent être favorisés du ciel quand les chrétiens en sont abandonnés.... Il y a ici sortilège, il y a empoisonnement. Tenez, cette plante est un poison subtil, où croyez-vous qu'elle ait été trouvée ?... entre les mains de Jacob, du fils de la juive Sara, connue pour sa sorcellerie depuis longtemps, de Sara qui guérit par des moyens réprouvés de Dieu... Souffrirons-nous que ces damnés exercent sur nous de pareilles trahisons ?

— Non ! non ! — cria-t-on de toutes parts.

— Si nous les laissons faire , demain peut-être il n'y en aura pas un seul de nous tous qui soit vivant.

— A mort les juifs ! à mort ! — hurla la foule.

— A mort les juifs ! — répéta le médecin d'une voix tonnante, — et qu'aujourd'hui la justice du peuple se montre , mais sévère et sanglante... Suivez-moi ! Au quartier des Juifs !

— Au quartier des Juifs ! mort ! mort à eux !— crièrent mille voix.

En un instant des torches furent allumées , car la nuit commençait à venir, tous les bras furent armés, et un cortége de furieux suivit le docteur qui souriait en pensant qu'il traînait sa vengeance à sa suite. Au moment où cette foule exaspérée quittait la place , le physicien se sentit tirer par le bout de sa mante , il se retourna et reconnut Olivier qui s'avançait vers lui la tête baissée et plein de confusion.

— Maître, — dit le jeune homme, — j'ai eu tort, pardonnez-moi !

— Tu m'as abandonné, retire-toi, je ne te connais plus.

— Maître, pardon ! pardon ! Je vous reviens plus dévoué que jamais.

Le médecin hésita un instant, puis tendant la main à Olivier :

— Viens donc, ingrat, — lui dit-il, — viens, car je t'aime...

Il attira l'élève auprès de lui, et si une torche eût jeté en ce moment une lumière assez vive, il eût pu voir un sourire amer sur les lèvres d'Olivier et une expression étrange dans ses yeux.

La foule, qui s'était arrêtée pendant cette scène entre le maître et l'élève, reprit sa marche tumultueuse.

Cependant une scène d'un autre genre se passait chez la juive. Après les premiers moments de joie, Jacob avait prévenu sa mère du dessein du docteur.

— Fuyons, mère, — lui avait-il dit, — fuyons, il en est temps encore.

— Oui, viens, mon Jacob bien aimé, viens, car leur haine te serait plus fatale qu'à ta mère. Toi, tu as de longs jours à vivre, et moi, quoique jeune, je me sens déjà pencher vers le tombeau.

— Ne dites pas cela, mère, chassez ces pensées sombres. En vous attendant, j'ai préparé en hâte un paquet de nos effets les plus précieux ; notre petit trésor a passé tout entier dans mon escarcelle... Venez, et demain nous serons en lieu sûr.

— Allons donc, cher enfant, dont la présence d'esprit a soutenu ta mère dans le danger , viens...

Ils s'étaient avancés vers la porte, mais ce fut là qu'ils trouvèrent l'empêchement le plus inattendu. Tous ceux auxquels Sara avaient promis la santé, si elle retrouvait son fils , venaient exiger l'exécution de sa promesse. En vain Jacob voulut faire comprendre à ses frères le danger que courait Sara Félix , il ne réussit qu'à les irriter davantage. La peur de la mort avait fermé tous les cœurs à la reconnaissance. Tout ce que Sara avait fait pour eux était loin de leur mémoire, ils ne voyaient plus que le refus qu'elle faisait maintenant de les secourir , et ne s'inquiétaient pas de savoir si cela lui était possible. La vue de trois de leurs compatriotes qui tombèrent morts en un instant , acheva de les pousser à l'exaspération , et Jacob, comprenant que sa mère était en danger au milieu de ces furieux, la fit rentrer et attendit avec elle qu'il se présentât un moyen de fuir.

La vengeance du cruel médecin avançait toujours pendant ce temps. Bientôt, il ne fut plus possible de douter que quelque chose d'extraordinaire allait se passer au quartier des Juifs. Des bruits sinistres et des lueurs étranges annoncèrent aux malheureux leur danger ; mais le découragement s'était tellement emparé d'eux qu'ils ne songèrent même pas à se défendre.

Le premier coup fut porté, et dès que le peuple irrité eut vu couler le sang, il ne fut plus possible de mettre un frein à sa rage de meurtre. Je ne vous peindrai pas les horreurs de cette soirée : on tua pendant plus de deux heures sans se lasser... Mais abandonnons ce spectacle de carnage et contentons-nous de jeter les yeux sur un des coins du tableau.

Le médecin, hors de lui, l'œil étincelant, les joues en feu, marchait à grands pas vers la demeure de la juive. C'était là que tendaient tous ses vœux, il semblait que sa vie fut attachée à la mort de cette femme.

— Suivez-moi ! — dit-il d'un ton bref à quelques hommes ; mort à Sara l'empoisonneuse !...

Il ne voyait rien, n'entendait rien ; ni les plaintes des victimes, ni le sang qui ruisselait à ses pieds n'étaient faits pour le troubler. Olivier se tenait toujours à ses côtés, le couvant des yeux, suivant ses mouvements avec un intérêt croissant.

— Je tiens donc cette juive en ma puissance, Olivier, — disait le physicien en riant avec égarement ; — je ne sais quel étrange effet la joie produit en moi... mon sang brûle... la tête me tourne...

il me semble qu'il passe devant mes yeux comme un brouillard...

— C'est la joie, maître, — répondit Olivier; — mais voici la demeure de Sara.

Les malheureux qui encombraient la maison de la juive furent écartés, et, la porte enfoncée, le docteur se trouva en présence de son ennemie.

— Empoisonneuse ! s'écria-t-il, — paie tes forfaits !

Il jeta aux pieds de Sara la plante qu'il portait avec lui, Jacob se précipita et la ramassa.

— Olivier, — soutiens-moi, — continua le médecin, — je me sens affaibli... la fatigue... Puis se tournant vers ses acolytes : Saisissez cette femme !... et...

Il ne put achever, chancela, tourna plusieurs fois sur lui-même et tomba enfin. Cependant les hommes avaient saisi Sara, vingt poignards étaient déjà dirigés vers le sein de la pauvre femme qui, privée de sentiment par la crainte, n'opposait aucune résistance, quand Jacob, s'élançant au devant des bourreaux :

— Arrêtez ! — leur cria-t-il, — la vie de ma mère en échange de celle de votre physicien atteint de la peste... je le sauve.... épargnez ma mère, et vous verrez si nous sommes des empoisonneurs !

L'assurance de cet enfant surprit ces gens égarés : ils baissèrent leurs armes, et, tenant toujours la juive, ils donnèrent un consentement tacite à ce marché. Jacob se précipita vers la composition commencée le matin même, et il y jeta la plante, cause de tant de malheurs. Pendant ce temps, Olivier s'était penché vers son maître.

— C'est bien la peste ! — dit-il en se relevant.

— Sara ! Sara ! — murmurait le médecin, — j'ai été injuste et cruel envers toi !... rends-moi la vie, car tu en as le pouvoir... ton baume !...

— Jamais ! maître... jamais ! — s'écria Olivier ; — ne nous avez-vous pas dit, tout à l'heure encore, que c'était un poison subtil ?

—Non !... du baume de la Juive !... c'est la vie !... fit le docteur avec effort.

— C'est la mort ! — reprit Olivier, — le maître l'a dit... il faut qu'il soit insensé pour se démentir !... Braves gens ! ne souffrons pas qu'on l'empoisonne en notre présence !... Voilà un infidèle qui râle dans un coin, que l'on fasse sur lui l'essai de ce remède, et s'il opère... alors...

— Olivier !... je t'en conjure !... la vie !... le baume !

— Non, maître, je vous aime trop, — répondait

Olivier en souriant, — non... pas avant qu'on en ait fait l'essai...

— Voilà le breuvage de santé! — s'écria Jacob.

— A moi! à moi! — fit le médecin, d'une voix faible.

— Au juif d'abord! — reprit Olivier, — ou je fais tuer Sara!...

Jacob, effrayé de cette menace, donna la boisson à son frère malade; pendant ce temps, Olivier s'était agenouillé auprès de son maître; il suivait les phases du mal et souriait à chaque progrès de la peste sur le physicien. Celui-ci murmurait toujours des sons inintelligibles, au milieu desquels on distinguait:

— Ami!... je me meurs!... la vie!... la vie!...

— Eh bien? — fit Olivier en se tournant vers Jacob, — le remède?...

— Opère peu à peu... voyez...

— Je ne vois aucun signe de guérison.

— Attendez un quart d'heure encore, et Daniel sera debout... Mais laissez-moi sauver votre docteur, notre ennemi...

— Quand Daniel sera debout.

Le quart d'heure fatal se passa, pour le médecin, entre la vie et la mort; et quand Daniel se fut relevé, faible, mais guéri, les hommes réclamèrent le baume pour le physicien.

— Il lui serait inutile, — s'écria Olivier, feignant une grande douleur, — mon pauvre maître est mort !

— Il est mort ! répétèrent les hommes, — et le juif est sauvé... Que ferons-nous de cette femme ?

— Délivrez-la ! dit Jacob avec instance, — et je vous donne le baume de vie.

Le marché fut conclu avec empressement par les assassins, et Sara, qui était enfin revenue à elle, fut rendue à son fils dont le sang-froid l'avait sauvée.

— A nous le baume ! — s'écrièrent les hommes.

— A nous la liberté ! — reprit Jacob en entraînant sa mère.

— A moi le livre des sciences ! — fit Olivier en regardant le médecin étendu à ses pieds.

Un instant après, la maison de la juive était vide.

Cependant, la vengeance du physicien lui survivait : il avait légué sa haine au peuple. Quelques hommes qui aperçurent Sara fuyant avec son fils, se mirent à sa poursuite. Malgré la rapidité de leur course, la mère et le fils allaient être saisis ; ils entendaient déjà, à moins de cent pas derrière eux, les assassins qui les menaçaient, quand un homme se présenta avec deux mules; il suivait les fugitifs depuis quelque temps.

— Juive, — lui dit-il, — prends cette mule pour toi et cette autre pour ton fils. Le sire de Péquigny te devait la vie, vous êtes quittes, maintenant.

Deux mois après, Sara et Jacob étaient arrivés en Sicile d'où ils s'embarquèrent pour passer en Orient. Ils y vécurent honorés, et Jacob y fut cité comme un modèle de piété filiale.

Quant à Olivier, il prit possession de la maison du docteur sans que personne songeât à s'y opposer; mais il ne jouit pas longtemps du trésor de sciences acquis par un assassinat. Quelques jours après, on le trouva mort dans son laboratoire. Le fléau avait fait justice !

JULIENNE DUGUESCLIN

AU CHATEAU DE PONTORSON.

JULIENNE DUGUESCLIN.

En l'absence du roi Jean, qui était allé reprendre ses fers en Angleterre, le dauphin Charles, régent de France, s'était attaché Bertrand Duguesclin, et l'avait nommé gouverneur de Pontorson. C'était alors une des plus importantes places de la Basse-Normandie, et, malgré la paix, les garnisons anglaises qui n'avaient pas encore évacué les campagnes environnantes ne cessaient de l'inquiéter, en attendant l'occasion de s'en emparer. Le chevalier

Felleton, commandant un fort parti, était le plus acharné à la prise de cette ville. La haine personnelle qu'il nourrissait contre le nouveau gouverneur de Pontorson lui faisait multiplier ses attaques. Mais pendant un de ces assauts livrés avec plus d'ardeur que de précaution, Bertrand Duguesclin sortit de la place à la tête de sa compagnie, repoussa les Anglais, leur tua beaucoup de monde et coupa la retraite à son adversaire, qui combattit au pied des remparts. Felleton, séparé des siens, tomba au pouvoir de ses ennemis et fut ramené captif dans Pontorson.

Malgré cet échec, le chevalier anglais, que la loyauté du gouverneur avait laissé libre sur parole dans la place, conservait toujours la pensée de rentrer un jour en vainqueur dans ces murs qui le retenaient captif. Pour cela il ne cessait de visiter les fortifications, d'étudier les positions les plus faibles, les endroits les plus accessibles, et paraissait toujours oublier que la vaillance de Duguesclin était un rempart plus solide que ceux élevés autour du château. Cependant une conversation qu'il eut avec le capitaine breton lui donna la juste mesure de sa valeur et de ses talents militaires : il comprit dès-lors la puissance de l'homme qu'il aurait à combattre, et, plus désireux que jamais de s'emparer de Pontorson , il ne se pressa plus de solliciter sa mise en liberté, et chercha à se créer des intelligences dans la place.

Outre le gouverneur et sa femme, il y avait au château Julienne Duguesclin, la propre sœur du capitaine breton. Elle était religieuse : Felleton espéra se mettre assez avant dans ses bonnes grâces par une feinte dévotion, pour obtenir d'elle, sinon une aide puissante, du moins des renseignements utiles. Il vit bientôt qu'il s'était encore trompé sur ce point. Depuis qu'il était retenu à Pontorson, le chevalier anglais avait obtenu plusieurs fois la permission de se présenter devant les dames. Un jour, profitant de l'absence de Bertrand, Felleton sollicita la même faveur, et l'obtint ; mais la dame Duguesclin, se sentant mal disposée, pria Julienne de recevoir le prisonnier, et lui laissa ses deux chambrières. L'Anglais ne tarda pas à être introduit, et fut surpris de trouver Julienne seule. Cependant il se garda bien de se plaindre de cette circonstance qui servait ses vues , et, après les premiers compliments :

— Votre bonheur est grand, révérente dame , dit-il, d'avoir pour frère un tel capitaine que messire Bertrand Duguesclin.

— Ainsi le pense, chevalier, reprit Julienne ;

Bertrand est la gloire de notre Bretagne, et tout ce qui porte son nom doit se sentir fier.

— Sans doute... Aussi trouvé-je que, pour telle bravoure et prud'hommie, l'appointement de cent lances est chose des plus légères.

— Que prétendez-vous dire ?

— Que si le ciel avait voulu que messire Duguesclin, que Dieu tienne en liesse, fût venu offrir ses bons services à notre honoré roi Edouard III, il serait, à l'heure qu'il est, comte de Richemont, ou porteur de tel autre titre par lui mérité.

— Certes, messire, et mon féal et brave frère verrait alors, sans pouvoir s'en plaindre, ajouter à son nom de Richemont ou autre, celui de traître à la patrie.

— Il n'y a pas traîtrise, révérente dame, à offrir ses services à qui mieux les récompense.

— Oui, messire, oui, sans doute, pour un gentilhomme félon et déloyal, mais non pour un Duguesclin, *dont la race ne peut faillir;* et si je savais que mon frère bien-aimé eût fait tel marché avec l'ennemi de la France, je le renierais pour mien... Mais parlons d'autres choses, messire.

Felleton comprit bien qu'il s'était mal adressé; aussi se hâta-t-il de rompre un entretien qui commençait à lui devenir pénible. Le soir même, il se promenait dans les cours, lorsque quelques mots d'une conversation qui se tenait dans un coin obscur attirèrent son attention. C'étaient les deux chambrières qui devisaient entre elles.

— Par sainte Catherine, disait l'une, notre révérente dame Julienne est un peu affectée de démence, que je crois !

— Il le faut vraiment, reprenait l'autre ; répondre si durement au chevalier anglais qui lui faisait des offres si belles pour son frère le bourru !...

— La proposition était des plus avenantes... Merci de moi ! il n'aurait pas fallu que ce gentilhomme m'en dit autant pour que je me fisse Anglaise de pied en cap.

— Cela va de soi-même... Être la sœur d'un comte ou d'un baron, au lieu de l'être d'un capitaine !

— Commandant cent lances seulement !

— C'est pure forfanterie.

— C'est démence achevée.

— Écoute, Catherine, si ce noble seigneur, — car il a l'aspect bien plus noble que notre brusque capitaine, — si ce vaillant Anglais avait encore en l'esprit la prise de ce château maudit...

— Mille fois maudit, car il est triste comme un séjour de damnés.

— Si telle était ton intention et que tu fusses en état de lui être utile, que ferais-tu ?

— Je lui viendrais en aide ; et cela me serait facile, vu que je connais un certain point où le château est accessible, surtout pendant l'absence du capitaine.

— Mais à cela , tu mettrais une condition ?

— Oh ! oui...

— Laquelle ?

— Qu'il me fît dame, en me donnant pour épousée à quelque pauvre gentilhomme de son pays d'outre-Manche.

— Telle est aussi mon ambition, dit Catherine .. Eh bien ! s'il le faisait ?

— Alors, à lui le château... ; à nous l'épouseur anglais.

— C'est dit...

Les deux chambrières gardèrent un instant le silence. Felleton n'avait pas perdu un mot de leurs propos ambitieux. Voilà qui va bien, se dit-il, ici je pourrai me faire entendre.

— Le difficile, reprit Catherine, s'adressant à sa complice, le difficile dans tout ceci sera de faire l'offre au gentil chevalier...

— Nenni, mes bachelettes, dit Felleton en se présentant, le point ne sera pas si difficile, car je

vous ai entendues, tant vous êtes peu discrètes...
Vos propositions m'agréent. Toutefois, écoutez
mon avis : dorénavant, soyez plus prudentes, car
votre langue eût pu vous coûter la tête si un autre
eût été aux écoutes. Maintenant vous aurez l'époux
gentilhomme, doté comme il convient, et vous me
livrerez le château en m'indiquant le côté faible, ce
que nous autres guerroyants appelons le défaut de
la cuirasse.

Le marché fut bientôt conclu entre le félon chevalier et les deux infidèles chambrières. Trente écus
d'or furent les arrhes du marché, et éblouirent assez
les deux suivantes pour leur cacher l'infamie de leur
action.

A quelques jours de là, Bertrand revint à Pontorson avec sa troupe ; Julienne le fit aussitôt demander.

— Méfiez-vous de l'Anglais, Bertrand, lui dit-
elle ; pendant votre absence il a tenté de vous séduire par mon entremise.

— Et comment lui as-tu répondu, Julienne ?

— Comme devait répondre la sœur de Bertrand
Duguesclin.

— Bien donc, que puis-je craindre de ce gentilhomme, puisqu'il n'a pas réussi dans sa tenta-

tive, et que, moi présent, il le pourra encore moins ?

— Mais il pourrait séduire tout autre.

— Il n'aura pas le temps de mener sa trahison à bien, Julienne ; car je reviens céans avec pouvoir de le remettre en liberté.

— Gardez-vous de cela, mon amé... ; peut-être a-t-il déjà réussi auprès de quelques-uns de nos gens.

— Nous le verrons bien, Julienne ; mais jusque-là, il sera libre.

— Bertrand, retiens-le captif... ; prends garde.

— Nenni..., il sera libre dès ce soir. La peur t'aveugle, Julienne.

— La peur, messire frère, ne peut avoir aucune influence sur le sang des Duguesclin, reprit Julienne, belle d'indignation... ; mais, revenant bientôt à son ton accoutumé... Fais donc ainsi qu'il te convient, Bertrand ; mais s'il en arrive malheur, tu verras que la peur m'est inconnue, et que *bon sang ne peut faillir.*

— Je le crois ainsi, ma sœur bien-aimée...

Le soir, sir Felleton, rendu à la liberté, voyait la herse du château se baisser pour lui. Cependant il ne quitta Pontorson qu'après avoir rappelé les clauses du marché aux deux chambrières ambitieuses.

Plusieurs mois s'étaient écoulés depuis le départ du chevalier anglais. Des plaintes sur les désastres causés par les compagnies étaient parvenues jusqu'au capitaine breton, qui, pour employer utilement son activité, résolut de marcher contre les bandits. Un matin il fit monter sa troupe à cheval, et partit après avoir laissé la garde du château à quelques hommes seulement. Rien alors ne pouvait faire redouter une tentative contre Pontorson. Il y avait deux jours que Bertrand avait quitté la place, lorsque, vers midi, un marchand, de ceux qui parcourent les campagnes, se présenta à la poterne, demandant à entrer pour faire son négoce. La demande ne parut pas suspecte à celui qui commandait le corps-de-garde; il introduisit le marchand après avoir visité ses ballots. Il ne se passa pas longtemps avant que le porte-balle fût entouré par tous les gens du château; la dame Duguesclin elle-même le fit mander, et lui ordonna de dérouler plusieurs étoffes; pendant que le marchand obéissait, Julienne Duguesclin ne cessait de le regarder. Il lui semblait trouver dans les traits de cet homme une ressemblance avec Felleton. Un moment il lui vint à l'esprit de le faire arrêter jusqu'au retour de son frère; mais le marchand parla, et l'illusion disparut : ce n'était pas le même son de voix; l'âge du marchand, d'ailleurs, différait trop de celui du chevalier. On le laissa donc aller après qu'il eut satisfait la curiosité de la châtelaine. Il était à peine dans les cours, qu'il y fut rejoint par les deux suivantes. Il leur montra les étoffes les plus précieuses, et tout en exposant à leurs yeux les trésors de ses ballots, il regarda de toutes parts avec inquiétude; enfin, après s'être assuré qu'il ne pouvait être entendu :

— Me reconnaissez-vous? dit-il aux chambrières.

Un mouvement de celles-ci faillit les perdre, car Julienne observait tout derrière les vitres. Le faux marchand se tira adroitement de ce mauvais pas.

— Ceci ne vous convient point, mes bachelettes, je vais vous montrer de la soie qui vous agréera...

Puis, il ajouta plus bas :

— Toutes ces riches étoffes ne sont rien auprès de celles qui vous appartiendront, si vous tenez votre promesse... J'ai risqué ma tête pour venir vous la rappeler.

— Nous la tiendrons, répondirent bien bas les deux suivantes.

— Bien. Agissons donc promptement. Cette

nuit même l'assaut sera donné ; quand la garde sera endormie, confiante en la vigilance des sentinelles, occupez celle qui sera placée du côté de l'orient, qui est l'endroit le plus faible, et prévenez-moi par un signal.—Le prix vous effraie, mes toutes belles, continua-t-il en affectant tout à coup d'élever la voix ; mais, par ma parole de juif, je ne puis vous livrer cette étoffe à meilleur marché.

Il s'éloigna des deux filles, qui, tremblantes, rentrèrent dans l'intérieur. Quant à lui, après avoir replié froidement ses étoffes, il sortit en comblant de bénédictions les soldats qui lui avaient ouvert la poterne.

Cependant Julienne n'était pas sans inquiétude ; l'arrivée de ce marchand pendant l'absence de son frère, la ressemblance qu'elle avait cru remarquer entre lui et le chevalier, lui restèrent dans l'esprit pendant toute la durée du jour, elle regrettait de n'avoir pas fait arrêter cet homme; il était possible que ce fût Felleton lui-même, qui eût vieilli ses traits et déguisé sa voix. Dans ce cas, pourquoi était-il entré au château? Pourquoi ce long entretien avec les chambrières ? Ce ne pouvait être que dans des intentions hostiles. De sombres pressentiments la troublaient. Si une attaque était dirigée contre le château, si mal défendu en ce moment, la place serait emportée sans aucun doute , et ce serait une grande honte pour le nom de Duguesclin. Toutes ces pensées la tinrent en éveil jusqu'à une heure fort avancée.

Julienne , suivant l'usage du temps , couchait avec la dame Duguesclin , et les chambrières occupaient une salle voisine. Ces dernières , roulant leur projet de trahison , étaient aux écoutes , et remarquaient avec peine l'insomnie de Julienne , insomnie qui ne leur permettait pas de s'éloigner sans attirer l'attention. Enfin , vaincue par la fatigue, la religieuse s'endormit : la nuit touchait alors à son milieu. Catherine et sa complice descendirent sans bruit, et , longeant dans l'ombre le mur du corps-de-garde , elles arrivèrent jusqu'à l'endroit désigné , où veillait une seule sentinelle. Après un court examen, elles reconnurent dans le garde un homme du pays, qui avait été élevé avec elles; ce fut pour les déloyales d'un bon augure.

— Qui va là ? dit la sentinelle qui les aperçut.

Une d'elles se fit reconnaître de l'homme d'armes, tandis que l'autre montait sur la tour, où elle tint pendant quelques instants un voile déployé. Dès qu'on eut répondu à son signal, cette dernière revint auprès de sa complice, qu'elle trouva en conversation avec le soldat, et toutes deux rentrèrent dans leur chambre et se mirent au lit.

Une heure après, les Anglais étaient au pied de la tour, le long de laquelle ils appliquèrent quinze échelles. La vivacité avec laquelle ils se précipitèrent pour escalader occasionna quelque bruit.

— Ma sœur, s'écria tout-à-coup la dame Duguesclin, en réveillant la religieuse endormie à ses côtés, ma sœur, si mon rêve ne m'a pas trompée, les Anglais sont au pied de la tour.

Julienne se jeta hors du lit et prêta l'oreille.

— Par notre Dame Duguesclin ! ce n'est pas un rêve, ma sœur, mais bien la vérité, répondit la religieuse, entendant un bruit d'armes.

Aux murs de la salle dans laquelle couchaient les deux dames, étaient appendues des armes de toutes sortes. Julienne, *ressentant la race dont elle était*, dit un historien, se précipita sur une jacque dont elle se couvrit ; puis, saisissant une arme , elle monta à la tour ; les Anglais n'étaient pas parvenus au haut des échelles.

— Aux armes ! cria l'intrépide religieuse ; notre Dame Duguesclin ! aux armes !

Mais n'attendant pas le secours qu'elle appelait à la défense du château , elle se pencha sur les créneaux , et, rassemblant toutes ses forces, renversa une échelle toute garnie d'Anglais. La chute de ces hommes causa du désordre parmi les leurs ; ceux qui atteignaient presque le sommet de la tour s'arrêtèrent effrayés. Cependant Julienne ne s'arrêtait pas, elle ; elle allait toujours renversant les échelles et frappant de son arme ceux qui se trouvaient à sa portée. Toutefois, malgré son courage et sa présence d'esprit, elle était sur le point d'être entourée, car les Anglais avaient relevé leurs échelles et revenaient à la charge, lorsque la garnison, réveillée au bruit, vint à son aide. Les Anglais, découragés, ne songèrent plus qu'à la retraite ; Felleton lui-même l'ordonna.

Julienne Duguesclin, une femme, une religieuse, venait de sauver Pontorson !

Les Anglais fuyaient en désordre ; à quelque distance du château ils rencontrèrent une troupe : c'était celle de Bertrand, qui rentrait à Pontorson. Le capitaine breton, voyant à la déroute de l'ennemi qu'il y avait eu tentative contre le château confié à sa garde, ordonna à ses gens de charger l'ennemi. Ils en firent un grand carnage, et, pendant le combat, Bertrand parvint encore à s'emparer de Felleton, qui, cette fois, ne devait pas de sitôt recouvrer sa liberté.

Ce fut avec son prisonnier que le gouverneur

rentra à Pontorson, et, quand il apprit la noble conduite de sa sœur :

— Par notre Dame Duguesclin ! dit-il, cela ne m'étonne pas ; elle est de bonne race et de noble lignage.

Il se rendit auprès de Julienne, et, en présence des gentilshommes de sa compagnie, il s'agenouilla devant elle.

— Merci, noble sœur, lui dit-il ; car tu as conservé sauf mon honneur.

— Votre honneur n'est-il pas mien, Bertrand?... Vous voyez seulement que la peur n'habite pas mon cœur, et que *bon sang ne peut faillir*.

— Merci de moi ! capitaine, votre sœur vaut le plus rude batailleur.

— Faites-lui gloire, c'est justice, s'écria le vaincu surmontant sa honte ; mais faites chercher les deux chambrières ; elles vous ont trahi. Il faut que chacun soit payé selon ses œuvres.

On eut beaucoup de peine à trouver ces deux malheureuses ; elles s'étaient blotties dans un caveau, d'où on les tira pour les conduire devant Duguesclin. Les déloyales suivantes ne purent supporter le regard du capitaine ; elles avouèrent leur crime et demandèrent grâce. Mais malgré les prières de Julienne, qui venait de sauver Pontorson,

Bertrand, inflexible mais juste, ordonna leur supplice. Elles furent noyées dans la rivière qui passe
au pied du château de Pontorson.

JACOB DE MÉRÉ.

———

HISTOIRE D'UN PAGE DU TEMPS DE CHARLES VI.

I.

LE VŒU.

Un matin du mois d'octobre de l'année 1407, le pont-levis du château de Blois s'abaissa en criant sur ses chaînes de fer ; la grande porte s'ouvrit avec fracas, et un jeune cavalier, sans autre suite qu'un varlet, s'élança au galop d'un excellent cheval jusqu'au-delà des fossés du château, où l'homme qui le suivait ne tarda pas à le rejoindre. Puis, faisant un détour pour gagner un chemin de traverse qui devait abréger sa route, il passa devant une des tourelles sur la plate-forme de laquelle une dame, entourée d'enfants, agitait son écharpe en signe d'adieu. Le cavalier répondit avec grâce à ce salut, et s'élevant sur sa selle, il se tourna vers l'endroit où se tenait la dame, et s'écria, en donnant à sa voix toute l'étendue possible :

— Si Dieu et messeigneurs les saints me sont en aide, noble dame, je rentrerai bientôt céans, après avoir accompli le vœu que je viens de vous faire.

— Que Notre-Dame te protége, noble enfant ! furent les seules paroles de la dame que le vent laissât arriver jusqu'à notre jeune cavalier. Celui-ci, sans s'arrêter davantage, fit adieu de la main à un enfant aux cheveux blonds qui se penchait pour le voir partir, excita sa monture à coups de houssine et s'éloigna rapidement.

Les personnes qui composaient le groupe de la tourelle le suivirent longtemps des yeux, et ce ne fut que lorsqu'il eut entièrement disparu qu'elles se décidèrent à quitter les remparts, ce qu'elles firent à pas lents ; la dame surtout, la dame qui paraissait attacher un intérêt bien grand à la mission du jeune cavalier.

Quant à lui, il poursuit maintenant sa route en

silence; — regardez-le : — il paraît avoir environ seize ans; sa figure, sur laquelle commence à poindre un léger duvet, conserve encore toute la fraîcheur et la naïveté de l'enfance; et cependant un certain air de fermeté semble annoncer qu'un cœur d'homme bat sous cette enveloppe d'enfant. Tout en lui respire la force et l'agilité; ses longs cheveux tombent en rouleaux sur des épaules assez larges; et lorsque le vent, qui souffle de temps à autre, vient à soulever sa mante, on voit dessinées sous son juste-au-corps des formes qui décèlent la souplesse et la grâce. On reconnaît là les fruits de l'éducation militaire, la seule qu'on donnât alors aux enfants nobles : et certes, celui qui le verrait en ce moment, ferme sur sa selle, manier avec adresse son cheval impatient, ne pourrait s'empêcher de convenir que l'écuyer chargé de l'instruire au métier de la guerre et de la chevalerie a parfaitement rempli sa tâche. Son chaperon, dont le pan tailladé s'agite au vent, son juste-au-corps de drap de lice, le menu-vair qui entoure sa mante, la jolie dague ciselée qui pend à sa ceinture, tout son costume enfin, gracieux et riche, semble appartenir à un page de haute lignée, attaché à quelque noble et puissante maison. Et si, après avoir regardé attentivement l'accoutrement du jeune homme, on passe à celui du cheval, on remarque sur les coins de la housse qui recouvre la selle des armes brodées aux couleurs d'Orléans, et l'on acquiert la certitude que ce jeune cavalier est un des pages de Louis, duc d'Orléans, frère du roi, ou de madame Valentine de Milan, sa noble épouse.

Maintenant, mes amis, nous allons laisser le page et son varlet continuer leur route ; et, si vous le voulez bien, nous rentrerons au château, dont le pont-levis n'est pas encore relevé, et nous tâcherons d'apprendre ce qui a pu motiver ce départ précipité du page ; mais il faut pour cela nous rajeunir un peu.

La veille du jour où commence cette histoire, dans un des appartements du château de Blois, sept personnes étaient diversement occupées. La dame que nous venons de voir sur la tourelle, belle et parée alors, se hâtait de terminer un gant de buffle sur lequel elle avait brodé des armes et une devise ; deux de ses femmes, auprès du vitrail de la fenêtre, tenaient leurs yeux attachés sur la campagne, et gardaient le silence de peur que leurs paroles ne vinssent nuire à leur attention. Auprès d'elles, deux enfants feuilletaient un fort beau missel dont ils regardaient les enluminures, tandis que dans un des coins de l'appartement un jeune page tenait sur ses genoux un troisième enfant, aux cheveux blonds, auquel il faisait, à voix basse, un récit de bataille. De tous ces personnages, aucun ne rompait le silence; la dame seulement, dont la belle figure était encore embellie par un bonheur qu'elle espérait, la dame interrompait souvent son ouvrage pour s'adresser aux femmes dont les yeux interrogeaient la route.

— Vient-il? leur demandait-elle avec anxiété.

Et sur la réponse négative des femmes, le silence reprenait plus profond qu'auparavant, et l'attente devenait plus pénible. Déjà le page s'est levé deux fois pour retourner le sablier depuis que l'on attend ainsi, et rien encore n'a paru annoncer l'arrivée de la personne si vivement désirée. Tout-à-coup une des femmes laisse échapper un cri...

— Qu'y a-t-il? — s'écrie la dame en se levant précipitamment; — l'avez-vous vu? est-ce le duc, mon noble époux?

Chacun s'est levé à ce cri, les enfants ont laissé tomber leur missel, et Jehan a quitté avec empressement les genoux du page.

— Non, madame, — répond la femme, — ce n'est pas monseigneur le duc, mais bien Roger, un de ses hommes d'armes.

— Mon Dieu! ne viendrait-il pas! — dit la

dame en pâlissant. — Mais non, c’est impossible, — ajouta-t-elle après un instant, — c’est impossible ; il viendra ; voilà cinq mois qu’il n’a embrassé son épouse ni ses enfants… — Jacob, — demanda-t-elle au page, — le duc de Berry n’a-t-il pas dit que mon époux serait à Blois aujourd’hui ?

— Si, noble dame. « Allez, m’a fait le duc, et dites à Valentine de Milan que mon neveu d’Orléans sera à Blois le huitième jour de ce mois d’octobre, j’y engage ma foi de chevalier. » Voilà ses propres paroles.

— Vous voyez bien, il viendra, il n’y peut manquer.

En ce moment un autre page entra et présenta respectueusement à la duchesse un petit rouleau de parchemin entouré d’un lacet de soie.

— Qui a remis cela, enfant ? demanda Valentine avec inquiétude.

— C’est Roger, noble dame, qui arrive de l’hôtel d’Orléans.

— Mon époux ne viendra donc pas ! — s’écriat-elle en ouvrant précipitamment le parchemin… — Non, non, pas encore aujourd’hui ! — ajoutat-elle après avoir lu : — oh ! je ne le verrai plus !

Chacun restait silencieux devant elle ; d’un signe elle fit sortir tout le monde, et, quand elle fut seule, elle se laissa aller à toute sa douleur et fondit en larmes.

Pauvre princesse ! elle craignait pour son époux, et vraiment l'état des affaires ne devait pas la rassurer. Pendant que Charles VI et la folie trônaient en France, tous les partis se disputaient les lambeaux du pouvoir. Le gouvernement de l'État, confié au duc d'Orléans, comme chef du conseil après la mort du duc Philippe de Bourgogne, faisait envie au successeur de ce prince, Jean-sans-Peur, dont le caractère n'était pas fait pour calmer l'inquiétude de Valentine. Elle savait que pour arriver au pouvoir qu'il ambitionnait, il serait capable de tout ; et elle souffrait, elle, qui, de la retraite où la confinait l'éducation de ses enfants, voyait son époux mêlé à ce grand drame qui se jouait sur la scène politique de la France.

Aussi pleura-t-elle longtemps ; mais quand elle eut bien pleuré, elle comprit que des larmes ne suffiraient pas à calmer son inquiétude ; elle voulut tenter un dernier effort pour ramener le duc à elle et pour l'arracher, au moins un instant, à toutes ces intrigues. Forte de cette résolution, qui faisait renaître un vague espoir en son cœur, Valentine sécha ses larmes, traça rapidement quelques lignes, et, prenant un sifflet d'argent qui pendait à sa ceinture, elle en tira un son aigu qui retentit dans la galerie voisine et amena bientôt auprès d'elle son page favori.

— Approche, enfant, lui dit-elle, et réponds-moi.

Jacob de Méré s'approcha avec émotion et fixa ses yeux sur ceux de sa maîtresse comme pour y chercher ce qu'elle allait lui dire.

— Jacob, m'es-tu dévoué?

— Corps et ame, ma bonne châtelaine; ordonnez, je suis prêt.

— Bien, Jacob, bien! — fit la duchesse en lui tendant la main. — Je suis inquiète, — ajouta-t-elle après quelque silence, — inquiète du duc mon époux, et je veux envoyer vers lui un serviteur fidèle qui lui fasse comprendre mon souci et me le ramène céans.

— Et c'est moi que vous avez choisi, noble dame?

— Toi, Jacob, en qui j'ai confiance.

— Par le patriarche dont j'ai le nom! madame, monseigneur le duc reviendra céans avec moi, ou je vais quitter ce château pour la dernière fois.

— Demain tu partiras, Jacob, et songe à bien remplir ta mission; il y va du bonheur de ma vie.

Le page se tournant alors vers une image de la Vierge appendue au mur :

— Je jure Dieu que cela sera, noble dame, et je fais vœu, en présence de madame la Vierge, de ne pas manger de chair que je n'aie accompli mon message, et de ne pas quitter mon cheval que je ne sois arrivé en l'hôtel du duc à Paris, lequel je ne quitterai que pour revenir en ce lieu. Maintenant, que Satan me confonde si je me relève jamais de ce vœu !

Jacob avait prononcé ce vœu avec tant d'enthousiasme et d'ardeur que la duchesse en fut toute émue et qu'elle lui donna sa main à baiser.

— Pars, lui dit-elle, et que Dieu t'entende !

Le lendemain, après avoir reçu les derniers ordres de Valentine et les adieux du petit Jehan, son bien aimé, le jeune page avait fait baisser le pont-levis, ouvrir la porte, et s'était précipité, comme nous l'avons vu, au-delà des murs du château sans savoir s'il y rentrerait jamais.

II.

LA MAISON PATERNELLE.

Le premier coup de tierce venait de sonner à la
Notre-Dame de Chartres, lorsque Jacob et son varlet entrèrent dans cette ville, qu'ils traversèrent en
toute hâte, et le dernier coup n'avait pas encore
tinté qu'ils étaient déjà hors des murs, poursuivant
leur route à travers la campagne et se dirigeant vers
un bois qui se trouvait au-devant d'eux. D'abord,
en quittant le château, Jacob avait cherché dans

sa tête les moyens de mener à fin son entreprise, et
sa jeune éloquence avait préparé les discours qui lui
semblaient le mieux tournés pour déterminer le duc
à abandonner quelques moments les affaires et à venir rendre un peu de bonheur à sa noble épouse.
Mais bientôt, jeune comme il l'était, le charme d'un
voyage du matin au milieu de la campagne, qui
n'avait pas encore perdu tous ses agréments, l'avait,
malgré lui, distrait de l'idée de sa mission, et il
s'était laissé aller tout entier aux impressions que
faisait naître en lui sa situation présente. A seize
ans, honoré de la confiance d'une duchesse, chargé
d'une mission à laquelle elle attachait le bonheur
de sa vie, l'heureux page se voyait déjà admis au
nombre des écuyers, obtenant la permission de se
mêler à quelque combat et gagnant ses éperons sur
un champ de bataille. Le pauvre enfant ! Au milieu
de ses rêves de gloire, une idée bien douce se mêlait
toujours, c'était celle de la joie qu'éprouverait sa
bonne châtelaine quand il retournerait accompagné
du duc en ce château de Blois qu'il venait de quitter il y avait quelques heures à peine. Cependant,
en traversant Chartres, une psalmodie sacrée qui,
partie de la Notre—Dame, était arrivée jusqu'à lui,
lui avait rappelé son vœu, et insensiblement ses pensées avaient pris une teinte plus grave.

Tout-à-coup une idée pénible lui vint à l'esprit ; sa figure, si enthousiasmée tout-à-l'heure quand il se voyait déjà chevalier, prit une expression soucieuse, et par un mouvement spontané il arrêta son cheval.

— Gerbaud, — dit-il à l'homme qui le suivait, ne serait-il pas dans ce pays une autre route que celle qui se présente devant nous ?

— Il n'en est aucune, sire page, — répondit Gerbaud, — à moins de remonter au-dessus de la ville que nous venons de quitter et d'entrer en pleine Beauce... Mais, — ajouta-t-il en hésitant, il ne ferait pas bon pour nous par ces chemins.

— Pourquoi ? demanda le page avec empressement.

— Le capitaine Amérigot, la Tête-Noire, tient toute la contrée avec sa bande, et si, comme on le dit, il est pour Bourgogne, notre couleur d'Orléans nous pourra bien valoir une corde ou quelque coup de dague.

— Qu'à cela ne tienne ! s'écria le page avec vivacité et se préparant déjà à tourner bride.

— Mais, sire page, quelle fantaisie est la vôtre ? Songez donc que c'est pour nous un retard de plus de deux heures, et que nous n'arriverons jamais ce soir au séjour... sans parler du risque...

Cette pensée de retard, plutôt que celle du danger qu'il aurait couru, décida Jacob à continuer sa route ; il pressa les flancs de son cheval et s'élança au galop sur ce chemin qu'il voulait éviter tout-à-l'heure.

Mais quel pouvait donc être le motif de cette hésitation et pourquoi Jacob voulait-il éviter ce chemin?

C'est que le pauvre enfant s'était rappelé son vœu, c'est qu'il savait qu'il ne pourrait pas quitter son cheval, et qu'il allait passer devant la maison de son père ! En effet, bientôt il entra dans un sentier si connu pour lui qu'une foule de pensées vinrent l'assaillir. Oh ! combien il lui faudrait de force pour passer devant la demeure de son père sans s'y arrêter, sans aller embrasser sa mère, sa bonne mère qu'il aime tant !

Déjà il apercevait la girouette armoiriée qui tournait au toit du manoir paternel, — car le sire de Méré était chevalier; — déjà même il apercevait l'entrée du modeste château de Méré, lorsque deux hommes qui marchaient devant lui et qu'il n'avait pas remarqués, tant il était ému, un gentilhomme et un moine, se retournèrent au bruit des pas de son cheval.

— Par le ciel ! — s'écria aussitôt le vieux gentilhomme, — c'est Jacob, c'est mon fils ! C'est Dieu qui l'envoie au-devant de nous.

A cette voix bien connue, Jacob a été sur le point de sauter à bas de son cheval et de se précipiter dans les bras de son père; mais tout-à-coup l'idée de son vœu lui est revenue avec force, il a arrêté sa monture et s'est écrié :

— Mon père ! que Dieu vous garde !

— Que veut dire ceci ? — s'écria le sire de Méré, — pourquoi Jacob n'est-il pas dans mes bras? Qu'est-ce à dire ? N'aimes-tu plus ton père ?

— Par le Christ ! ne croyez pas cela, mon honoré père, jamais votre fils ne fut si aimant.

— Viens donc m'embrasser, Jacob, puisqu'il en est ainsi.

— Je ne le puis, j'en jure par le ciel ! J'ai fait un vœu qui me retient sur ce cheval ni plus ni moins que si j'y étais attaché.

— Bien, mon fils, bien ! — dit le moine, — un vœu est chose sainte : y manquer, c'est se rendre parjure envers Dieu.

— Tu as fait un vœu, Jacob ? demanda le père avec douleur.

— Oui, père, devant la très sainte Vierge, j'ai juré de ne quitter mon cheval que lorsque je serais arrivé dans la cour du séjour d'Orléans.

— Par l'enfer ! ce vœu tu ne le pourras tenir, Jacob, il faut que tu entres céans si tu veux embrasser ta mère avant sa mort.

— Sa mort ! Jésus ! que dites-vous là ? s'écria Jacob en pâlissant.

— Oui, Jacob, oui, sa mort, —reprit le vieux gentilhomme; depuis deux jours la maladie s'est emparé d'elle; les physiciens l'ont abandonnée ; et voilà un saint homme qui lui vient parler de Dieu durant son agonie. Pauvre Gertrude !

Et le vieux chevalier essuyait deux grosses larmes qui coulaient le long de ses joues.

— Ma mère va trépasser ! s'écria Jacob revenant enfin de l'étourdissement dans lequel l'avait jeté une aussi terrible nouvelle.

— Allons, viens, mon enfant, viens; ta vue remettra de la joie à son cœur et adoucira l'amertume de ce moment.

— Par le ciel ! j'irai, advienne que pourra. Je veux embrasser ma mère.

Sans réfléchir, Jacob avait déjà quitté les étriers et se préparait à sauter à terre, quand le moine s'avançant tout-à-coup, lui saisit fortement le bras au moment où il allait s'élancer.

— Chrétien, souviens-toi de ton vœu ! cria-t-il d'une voix sonore.

Et Jacob retomba sans force sur la selle. Rien ne peut vous peindre la douleur du malheureux page combattu entre son amour pour sa mère et son vœu, qui était chose sacrée. Il se mit à fondre en larmes et laissa tomber sa tête sur l'épaule de son père, qui s'était rapproché de lui et le serrait dans ses bras.

— Malheur sur moi ! — murmurait Jacob avec des sanglots ; — malheur sur moi qui ai été m'engager ainsi témérairement ! Est-ce donc là la récompense de mon dévoûment ?

— Enfant ! ne murmure pas, — lui dit gravement le moine : — Dieu est grand, et madame la Vierge te sera en aide. Ne te laisse pas aller au découragement et accomplis ta mission.

En ce moment l'office divin sonnait à la chapelle d'un village voisin. Ce tintement religieux qui venait se mêler aux paroles du moine produisit sur l'ame du pauvre enfant un effet salutaire ; il reprit courage, espéra en la protection de celle à laquelle il avait fait vœu, et se sentit plus fort.

— Oui, je pars, — s'écria-t-il d'une voix plus assurée ; — je remplirai ma mission, je l'ai promis à madame Valentine, et fasse le ciel que monseigneur le duc reprenne bientôt cette route ; alors je serai relevé de mon vœu, et je pourrai revenir embrasser ma mère. Adieu, mon père ; adieu, saint homme, priez pour la santé de ma mère, et que le ciel nous protége !

A ces mots, il fit signe à Gerbaud, qui tout ému s'était retiré à l'écart, et au bout de quelques minutes il avait entièrement disparu, non sans retourner bien des fois la tête vers cet endroit où il laissait sa mère entre la vie et la mort. Ce ne fut que quelque temps après que le sire de Méré et le moine purent quitter la place où Jacob venait de les laisser, pleins d'admiration pour sa force d'ame et son courage.

Pauvre Jacob ! jamais route ne lui parut plus longue ; il espérait arriver assez à temps pour trouver le duc à son séjour, le décider à partir à l'instant, le ramener auprès de la duchesse, et puis revenir recevoir la bénédiction et le dernier soupir de sa mère.

Il faisait nuit close quand il entra à Paris, et sans se soucier des questions réitérées des bourgeois qui s'arrêtaient sur son passage et l'interrogeaient curieusement ; sans s'occuper des sarcasmes et des insultes de quelques pages de Bourgogne qu'il rencontrait à travers les rues bruyantes, il se dirigea en toute hâte vers le quartier Saint-Honoré, et se rendit au lieu où vous voyez maintenant la halle au blé et où s'élevait alors le séjour d'Orléans.

La porte en était ouverte, et il se précipita dans la cour, où une foule de varlets et de pages attendaient à côté de leurs chevaux, tandis que deux gentilshommes armés se tenaient auprès d'une mule sellée. A son entrée dans la cour, Jacob fut accueilli par une acclamation générale des pages.

— Ohé! Jacob, c'est toi? par ma barbe à venir! je te croyais trépassé, criait l'un.

— Salut au page des femmes! disait un autre.

— Eh! beau page, à ce soir la partie de dés!

— Honneur au ressuscité! disait un troisième.

Mais, sans leur répondre, Jacob, arrivé au milieu de la cour, sauta à bas de son cheval, car il le pouvait maintenant, et il se précipita vers l'appartement du duc, où il fut introduit à l'instant.

Le duc allait sortir : il avait déjà couvert sa tête de son chaperon et ses épaules de sa mante quand le page entra haletant et couvert de sueur.

— C'est toi, Jacob, — fit le duc en le voyant. — D'où viens-tu, mon enfant, pour être ainsi fait?

— De Blois, monseigneur.

— Et quelles nouvelles de Valentine, notre noble épouse?

— Mauvaises, monseigneur; le souci la tient de ne pas vous voir; elle pleure, elle se désole, et

6

si vous n'y prenez garde, mon bon seigneur, il se
pourra bien faire que Madame Valentine, que le
ciel la protége ! succombe à sa douleur.

— La folle ! s'écria le duc en haussant les épaules ; mais on voyait une forte contrariété se peindre
sur ses traits pendant le discours du page.

— Folle ! oui, cela est vrai, monseigneur, —
reprit Jacob avec ardeur et emporté par son dévoûment à la duchesse ; — folle de s'inquiéter autant
de vous quand vous vous souciez si peu d'elle !

— Par Satan ! sire page, — s'écria le duc en
fronçant le sourcil, — ton insolence mérite châtiment... Mais je la veux attribuer à ton dévoûment
pour Valentine, ajouta-t-il après un instant, comme
se reprochant sa colère.

— Oh ! pardonnez-moi, monseigneur, mais si
vous l'aviez vue comme moi pleurer au milieu de
ses enfants qu'elle pressait contre son cœur ; — il
n'est pas jusqu'au fils de Madame de Cany, le petit
Jehan, qu'elle n'accablât de ses caresses en lui parlant de vous. — Oh ! si vous l'aviez vue ainsi déso-
lée, monseigneur, vous partiriez à l'instant.

— Assez, assez, s'écria le duc, marchant avec
agitation dans l'appartement.

— Oh ! venez, monseigneur, venez, — continua Jacob avec instance ; — si vous l'aviez enten-

due : « Pars, m'a-t-elle dit, et songe qu'à son retour est attaché le bonheur de ma vie. »

— J'irai, je partirai cette nuit même. Mon cousin de Bourgogne fera ce que bon lui semblera, mais je veux voir Valentine. Que l'on se prépare à se mettre en route.

Un des gentilshommes qui se trouvaient là soulevait déjà la tapisserie pour aller transmettre cet ordre, et les yeux de Jacob rayonnaient de joie, quand un page de la reine se présenta et vint prier le duc de se rendre à l'instant à son hôtel.

Le duc hésitait, peut-être même allait-il se décider à suivre la route de Blois, lorsque le page d'Isabeau ajouta :

— Madame la reine attend, monseigneur : que lui dirai-je ?

— Que je te suis, Amelot, dit le duc entièrement décidé. Puis, évitant de passer devant Jacob, dont les yeux suppliants semblaient lui dire : « Et Valentine ! » il sortit rapidement.

Le pauvre Jacob se retira alors tout abattu dans son logis, et là, n'étant plus forcé de se contraindre, il pleura longtemps en pensant à sa mère. Mais enfin la fatigue l'emporta et il s'endormit.

III.

LA TAVERNE DE L'IMAGE NOTRE-DAME.

Trois semaines environ s'étaient écoulées depuis que Jacob était à Paris, et il n'avait pu parvenir à faire renaître dans l'esprit du duc la décision de partir pour Blois, décision que l'arrivée inopportune du page de la reine avait si malencontreusement anéantie. Plusieurs fois, durant ce temps, le duc avait tenté de renvoyer Jacob auprès de Valentine pour calmer son inquiétude, mais Jacob avait obstinément refusé de s'éloigner et s'était contenté de répondre :

— Je ne dois rentrer en ce château qu'avec vous, monseigneur, ou jamais.

Et le duc avait été forcé de se trouver satisfait de de cette réponse et de garder le page auprès de lui. Puis, sans plus s'en occuper, il s'était replongé au milieu de toutes ces intrigues qui agitaient la France.

Les deux puissants rivaux, les ducs d'Orléans et de Bourgogne, qui partageaient alors l'autorité, s'observaient l'un l'autre, et chacun épiait une occasion de nuire à son rival et d'arracher le pouvoir de ses mains. Tous deux ils avaient un parti considérable, et leurs partisans, réunis sous des bannières allégoriques, n'attendaient, comme leurs chefs, qu'un signal, qu'une occasion pour se ruer les uns sur les autres : la guerre civile était imminente.

Jacob concevait bien que, dans un pareil moment, le duc ne pouvait pas s'éloigner de Paris ; c'eût été donner au Bourguignon une occasion trop belle pour s'emparer de l'autorité. Aussi cessa-t-il à la fin ses instances auprès de son seigneur ; il attendit qu'un moment de calme dans l'état lui permît de les reprendre avec succès. Mais le pauvre enfant avait toujours devant les yeux sa mère mourante ; cloué à Paris par son vœu, il ne pouvait que craindre ou espérer. La crainte d'abord s'empara de son ame ; mais voyant qu'il ne recevait pas de tristes nouvelles, il laissa insensiblement l'espérance y prendre sa place. Et jugez de sa joie quand au bout de quinze jours Jacob reçut un message du sire de Méré qui lui annonçait l'entière guérison de celle dont la santé lui était si chère ; il avait couru à Notre-Dame de Paris, et là, au pied des autels, il avait remercié avec ferveur la Vierge, dont il regardait la protection comme l'unique cause de la guérison de sa mère.

Et maintenant, entièrement rassuré, il attendait avec plus de patience, sans oublier toutefois Valentine, sa bonne châtelaine. Depuis quelques jours surtout il y pensait plus que jamais : il avait circulé par la ville quelques bruits vagues de réconciliation entre les deux princes. Que de sujets d'espoir !

Un soir que le duc s'était rendu chez la reine, à l'hôtel Montaigu, près la porte Baudet, au quartier Saint-Antoine, Jacob et quelques pages l'avaient acompagné. Après avoir débridé leurs chevaux et s'être informés si le duc ne réclamait pas leurs services, les pages étaient sortis de l'hôtel, cherchant dans les rues une taverne où ils pussent se reposer et jouer une partie de dés. A quelque distance de la rue Barbette, Jacob avait aperçu une image de Notre-Dame grossièrement barbouillée sur une porte, au-dessus de laquelle un pot d'étain annonçait que là on donnait à boire aux gentilshommes, bourgeois ou manants dont l'escarcelle était assez bien garnie pour payer la dépense. Engagé par cette image de la Vierge et par le souvenir de la protection récente qu'elle venait de lui accorder, Jacob se décida à entrer dans cette taverne, et les autres pages l'y suivirent.

A peine étaient-ils placés à une table, un pot devant eux et des dés à la main, qu'un homme entra et vint s'asseoir à une autre table vis-à-vis de celle où ils se tenaient. Bientôt cet homme fut rejoint par quatre ou cinq personnes dont plusieurs portaient la livrée de Bourgogne. Après que ceux du groupe nouvellement entrés eurent étanché leur soif en vidant un pot de vin, ils commencèrent à examiner ceux qui les environnaient.

— Par Dieu ! — s'écria l'un d'eux après un instant, — je crois que j'avise dans ce coin un nid d'Orléanais. Eh ! tavernier, apporte donc une cire, que l'on puisse voir leurs museaux.

Cette insolente provocation fut reçue par de grands éclats de rire des Bourguignons ; mais les d'Orléans, soit qu'ils fussent trop attentionnés à leur jeu, soit qu'ils méprisassent une insulte aussi grossière, ne s'émurent pas et continuèrent leur partie.

— Tavernier, des dés ! cria l'homme un peu déconcerté du sang-froid des pages.

— Je n'en ai plus, messire, — répondit le tavernier, — je viens de donner les derniers à ces jeunes gentilshommes que vous voyez là.

— Toujours les Orléans ! — murmura l'homme en frappant du poing sur la table : — ainsi pour ces damoiseaux nous nous passerons de jouer.

— Par Satan, dit un autre, il ferait beau voir que des Bourguignons se privassent pour des Orléans ! Courtensy, — dit-il à l'homme qui avait parlé le premier, — demandons-leur les dés.

— Soit, reprit Courtensy. Eh ! les jolis pages, — dit-il en s'adressant à Jacob et aux siens et en donnant à sa voix une expression goguenarde, — il nous plaît de jouer, voulez-vous nous céder vos dés ?

— Quand nous aurons fini, répondit Jacob avec sang-froid.

— Ce sera donc bientôt, mes maîtres, car je vais vous les arracher.

En disant cela, il s'était levé et s'approchait de

la table des pages. Ceux-ci se levèrent subitement et portèrent la main à leur dague, mouvement qui fut imité par les Bourguignons de l'autre table.

— Qui s'y frotte s'y pique, messire, prenez-y garde ! s'écria Jacob qui s'était avancé au-devant de Courtensy, et déjà il mesurait des yeux son adversaire, quand un homme s'avança entre eux et les sépara.

— Par le ciel, vous arrivez à temps, messire d'Ocquetonville, car j'allais sonder les côtes de cet Orléans avec ma dague bourguignonne.

— Qu'y a-t-il donc entre vous ? demanda d'Ocquetonville en ramenant Courtensy à sa place.

— Il y a que nous avons changé de devise en ce moment, — dit Jacob en s'asseyant, que c'est vous qui *l'enviez*, et nous qui *le tenons*.

Jacob faisait par là une allusion aux devises des deux partis : celle des Orléanais était *je l'envie*, et celle des Bourguignons *je le tiens*.

— Vois donc, — dit un des pages à Jacob, — comme l'aspect d'une dague fait mal aux yeux du sire Scas de Courche-Heuse : il les met à l'ombre dans son verre.

— Eh ! non, il boit pour s'étourdir et pour ne plus penser que de comte de Guines, qu'il prétendait être, il s'est fait valet du Bourguignon.

Courtensy allait répondre, d'Ocquetonville l'en empêcha.

— Oh ! faire se pourra que bientôt ces jeunes merles ne caquètent pas aussi insolemment ! murmura Courtensy, assez haut cependant pour être entendu de Jacob, qui redressa la tête et sembla disposé à écouter ce qui allait se dire à la table voisine.

Mais ni d'Ocquetonville ni ceux qui l'environnaient ne continuèrent la conversation ; il paraissait évident que la présence des pages les gênait. Jacob, qui s'en aperçut, se décida à rester. Les deux groupes s'observaient depuis quelque temps, lorsque d'Ocquetonville fit un signe au tavernier, qui, s'approchant des pages, leur dit en se découvrant :

— Mes bons seigneurs, il va vous falloir vider mon hôtellerie, le couvre-feu va sonner, et vous savez.... les ordonnances sont si sévères.

Jacob aurait bien voulu ne pas s'éloigner, mais le duc attendait ses pages à huit heures ; force lui fut donc de quitter la taverne, ce qu'il ne fit qu'à regret, car il craignait qu'il ne se tramât quelque complot contre son maître. Les autres pages étaient déjà sortis, et il s'avançait vers la porte, quand un homme enveloppé dans son manteau et son chaperon rabattu sur les yeux, passa devant lui et entra dans la taverne. Jacob le regarda à plusieurs reprises et sortit avec précipitation. Il avait cru reconnaître le duc de Bourgogne lui-même.

Tout en revenant au séjour d'Orléans, Jacob réfléchissait à ce qu'il venait de voir. Pourquoi le duc de Bourgogne entrait-il dans une taverne à une pareille heure? Pourquoi venait-il en une société de gens dont la réputation était entachée? Tout cela l'inquiétait ; et puis les paroles de Courtensy lui revenaient à la mémoire : « Faire se pourra que bientôt ces jeunes merles ne caquètent pas aussi insolemment. »

Méditerait-on quelque chose contre son maître ? Il ne savait que penser. En rentrant à l'hôtel, il trouva un message de Valentine pour le duc de Berry, avec un ordre pour lui de le porter le lendemain. Il se promit de parler à ce duc de tout ce qu'il avait vu.

Le lendemain, de grand matin, il était à l'hôtel de Nesle en présence du duc de Berry ; et quand il lui eut remis le messsage de la duchesse d'Orléans, il lui fit part de ses inquiétudes.

— Fou ! — lui dit le duc avec amitié, — ton dévoùment à mon neveu Louis te met de la démence en tête. Apprends, car je veux bien te dire cela, apprends qu'un jour est fixé entre les deux princes pour une réconciliation publique, et que ce jour est proche.

— Que le ciel vous entende! monseigneur ; mais que venait donc faire monseigneur de Bourgogne en cette taverne?

— Ce ne pouvait être lui, enfant ; il était encore en ce séjour un quart-d'heure avant le couvre-feu.

Entièrement rassuré par ce discours, Jacob se retira, et bientôt il apprit que l'on faisait les apprêts pour la réconciliation publique des deux princes.

En effet, elle eut lieu deux jours après. Les deux princes communièrent ensemble et partagèrent l'hostie ; ils se jurèrent amitié fraternelle, brisèrent leurs bannières allégoriques, et quand ils eurent assisté à un repas somptueux que leur donna le duc de Berry, ils partagèrent le même lit, ce qui était alors la coutume parmi les frères d'armes. Jamais réconciliation n'avait paru plus sincère.

IV.

LA RUE BARBETTE.

Le matin du mercredi 23 novembre, le duc d'Orléans avait fait appeler Jacob de Méré, et quand il fut devant lui :

— Enfant, lui dit-il, quand tu es arrivé céans, il y a tantôt un mois, porteur d'un message de Valentine, ma noble épouse, tu m'as bien parlé en sa faveur et ton dévoûment m'a plu ; je t'en veux aujourd'hui donner la récompense.

— A moi, monseigneur, dit Jacob en rougissant de plaisir.

— Oui, mon page, je te veux donner une mission, et, au retour, parce que tu m'as été loyal et fidèle serviteur, je te veux faire un de mes écuyers et te donner le droit de porter les armes.

— Écuyer! — s'écria avec ivresse Jacob, dont le rêve se réalisait en ce moment; — écuyer! le droit de porter les armes et de me mêler à quelque bon combat! Oh! parlez, monseigneur, que faut-il faire?

— Porter un message à Valentine, voilà tout.

— Impossible! monseigneur, fit Jacob dont la joie s'éteignit aussitôt.

— Oui, je le sais, tu as fait un vœu à la Vierge, mais ceci n'est pas contraire à ton vœu, enfant; tu devais me ramener auprès de Valentine, et c'est Valentine que tu ramèneras auprès de moi.

— Madame la duchesse à Paris!

— Oui, Jacob, mon cousin de Bourgogne s'est invité pour le prochain dimanche à un repas en mon séjour d'Orléans, et je veux que ma noble et gracieuse dame soit la reine de cette fête. Tu lui porteras cette nouvelle, et la ramèneras céans avec tous ses enfants, sans oublier le petit Jehan, ton élève en cavalerie.

Jacob hésitait s'il n'obéirait pas au duc ; le but de son message était rempli, mais il se rappela les paroles du moine : Un vœu, c'est chose sacrée, et celui qui s'en relève est parjure envers Dieu. Et il refusa encore de partir.

— J'enverrai donc Roger, — dit le duc. — A toi toujours la récompense promise, et le jour de cette fête tu seras admis au nombre de mes écuyers.

Le soir du même jour, Jacob, heureux et fier, avait suivi le duc, qui était allé visiter son frère le roi Charles VI en son hôtel Saint-Paul. Le roi était dans un de ses moments lucides, et après s'être entretenu des affaires de l'état avec le duc d'Orléans, il l'avait laissé libre de se rendre auprès de la reine en son nouveau séjour de Montaigu. Jacob avait encore suivi là son maître, et pendant que celui-ci était admis en présence d'Isabeau, le page attendait dans une salle basse avec les gentilhommes du duc.

Laissons-les attendre leur maître, et, pour passer le temps, retournons à cette taverne de l'image de Notre-Dame dont vous vous souvenez sans doute, et voyons si nous n'y rencontrerons pas des figures de connaissance.

La porte de la taverne est fermée au public pour

ce soir-là ; cependant, même du dehors, on entend à l'intérieur des voix qui font présumer qu'il doit y avoir nombreuse réunion ; et d'abord en entrant, nous reconnaissons Courtensy, un des varlets de la chambre du roi Charles ; auprès de lui, les frères Guillaume de Scas de Courche-Heuse, qui avaient vainement réclamé la succession du comte de Guines. Non loin d'eux, treize autres hommes attachés au service du duc de Bourgogne, et parmi lesquels on remarque le fournisseur d'eau de l'hôtel, sont assis et boivent comme les premiers. Tous sont armés et paraissent attendre quelqu'un dont l'arrivée tarde un peu.

— Ne viendra-t-il pas ? — demande Courtensy à Courche-Heuse qui se trouve auprès de lui ; — alors, pourquoi nous réunir en ce bouge infect, où j'étoufferais, faute d'air, si la vengeance ne soutenait mes forces.

— Par Satan ! si d'Ocquetonville et le duc nous abandonnent en ce moment, nous sommes perdus ; la chose s'ébruitera et nous ne pourrons plus reparaître en ce pays de France.

— J'ai vu messire d'Ocquetonville, — dit un de ceux qui se tenaient à la table voisine, — il entrai à l'hôtel d'Artois ; sans doute il est allé prendre les derniers ordres du duc.

— Plaise à Dieu qu'il en rapporte quelques écus, — dit un autre, — car mon escarcelle commence à se vider, et je n'agis pas si je ne la sens lourde et pleine à mon côté.

— Ni moi ! ni moi ! s'écrient tous les assistants.

D'Ocquetonville entrait alors :

— Tout va bien, — dit-il en entrant ; — avant le dernier coup du couvre-feu, l'affaire sera achevée, et nous pouvons compter sur la protection de monseigneur de Bourgogne.

— As-tu de l'or, d'Ocquetonville? demande de Courche-Heuse avec avidité.

D'Ocquetonville, sans lui répondre, frappe en souriant sur son escarcelle, qui rend un son de métal, et chacun tend la main en se précipitant vers lui. Il distribue quelques écus à chacun, en promet plus encore pour le lendemain, et quand il a fini :

— Maintenant, à l'œuvre, mes maîtres! s'écrie-t-il, et que Satan nous protége.

Après un instant, Courtensy, qui avait ses instructions, sort de la taverne à pas précipités.

Jacob était encore dans la salle basse où nous l'avons laissé avec les gentilshommes, lorsqu'il vit venir à lui Courtensy, qui arrivait en courant :

— Où est monseigneur le duc? demanda-t-il à Jacob.

— Auprès de madame la reine, répondit celui-ci.

Courtensy se présenta à la porte de l'appartement de la reine, et comme on lui en refusait l'entrée :

— Par le roi ! dit-il.

Et on le laissa passer.

— Monseigneur, — dit-il au duc dès qu'il fut en sa présence, — le roi, notre sire, m'envoie vous quérir pour affaire urgente dont il vous veut entretenir sur l'heure..... Ne tardez pas, ajouta-t-il, car telle est sa volonté.

Puis il sortit, traversa en courant la salle où se trouvait Jacob et retourna en hâte à l'image de Notre-Dame.

Le duc cependant ne pouvait concevoir de quelle affaire Charles, qu'il venait de voir, désirait l'entretenir. Néanmoins, ne pouvant douter de la vérité de cet ordre qui lui était transmis par un des varlets du roi, il fit seller sa mule, et un instant après il sortit de l'hôtel Montaigu, précédé de Jacob et de deux autres pages qui portaient des torches et suivi de deux gentilshommes bien armés.

Le duc et sa suite venaient d'entrer dans la rue Barbette, lorsque le cheval d'un des deux gentils-hommes prit le mors aux dents, se retourna et em—

porta son cavalier à bride abattue du côté de la porte Baudet. Le cheval de l'autre gentilhomme, entraîné par cet exemple, suivit le même chemin, emportant aussi son cavalier, et le duc se trouva seul avec ses trois pages.

— Que signifie ceci, s'écria Jacob, inquiet de cette fuite qu'il ne savait à quoi attribuer.

— Allons, Jacob, aurais-tu peur ? lui demanda le duc.

— Non pour moi, monseigneur, — répondit Jacob fièrement, — mais il y a certain propos qui me revient à l'esprit.

En ce moment, un homme qui s'était tenu retiré à l'encoignure d'une maison parut tout-à-coup devant le duc, et saisissant sa mule :

— Arrêtez, lui cria-t-il !

Le duc, prenant cet homme pour un rôdeur de nuit, se hâta de lui répondre :

— Je suis le duc d'Orléans !

— C'est à toi que nous en voulons, répondit insolemment l'homme.

— D'Ocquetonville ! s'écria Jacob, qui s'était approché et qui venait de reconnaître le gentilhomme de la taverne.

Il sauta à bas de son cheval, tira son épée et vint se poster devant le duc comme pour le défendre.

Celui-ci cependant cherchait à saisir sa dague, quand, d'un coup de hache, d'Ocquetonville lui abattit la main droite, qu'il tenait sur le pommeau de sa selle.

— A moi, cria d'Ocquetonville.

Aussitôt le duc et son page furent entourés d'assassins. Les deux autres pages, effrayés à cette vue, avaient laissé tomber leurs torches et s'étaient sauvés en criant au secours. Jacob restait seul avec son maître et se défendait contre six des assaillants, qui le poussaient rudement. D'un second coup de hache d'Ocquetonville brisa le crâne du duc, qui tomba à la renverse et dont le corps résonna sur le pavé.

— Lâches et félons ! — s'écriait Jacob, — c'est monseigneur d'Orléans, et voilà une forfaiture dont vous rendrez compte.

— C'est notre damoiseau, — dit un des hommes, — c'est notre beau joueur de dés. Pardieu ! il est bien tombé ici ; nous allons jouer une partie serrée.

Et l'homme qui parlait ainsi pressait vivement Jacob, qui, percé déjà de deux coups de poignard, alla tomber sur les genoux auprès de son maître.

Le duc respirait encore. Jacob se traîna devant

Au secours on massacre Monseigneur

lui, cherchant à parer les coups que les assassins ne cessaient de lui porter. Vainement ceux-ci cherchaient à éloigner ce page, dont les cris pouvaient amener du monde : Jacob, d'une main s'était cramponné aux habits du duc, et de l'autre tenait son épée, dont il frappait tous ceux qui s'approchaient de lui.

Cependant le duc, atteint d'un troisième coup derrière la tête, avait le crâne entièrement fracassé ; il fit un dernier effort pour se relever et retomba lourdement....... ce n'était plus qu'un cadavre.

Jacob, criblé de blessures, se défendait encore ; mais enfin, percé de nouveaux coups, il tomba sans force, et d'Ocquetonville put arracher de ses mains le corps de la victime. Puis, le traînant jusqu'auprès d'un tas de boue, il ramassa une des torches qui brûlait encore et s'assura si ce cadavre était bien celui du duc d'Orléans ; ce que voyant, il le poussa du pied et s'éloigna rapidement, suivi des siens, qui retournèrent en toute hâte à l'image Notre-Dame.

Jacob respirait encore et criait d'une voix qui s'affaiblissait de plus en plus :

— Au secours !... on massacre monseigneur !

Ce que je viens de vous raconter, mes enfants,

avait été l'affaire d'un moment, et les bourgeois réveillés au bruit n'avaient pas encore eu le temps d'accourir sur le lieu du crime que déjà il était consommé et que les assassins étaient en fuite. Cependant, Jacob, voyant qu'il s'épuisait en efforts inutiles pour attirer du monde, rampa jusqu'à la porte d'une maison, et il allait heurter, s'il en avait eu la force, quand un bourgeois en sortit avec une cire.

— Sauvez monseigneur ! murmura Jacob. Et il rendit le dernier soupir : comme si la vie eût attendu, pour quitter le corps de ce malheureux enfant, qu'il eût donné cette dernière preuve de dévoûment à son maître.

— Au feu ! au feu ! cria-t-on de tous côtés.

La taverne de l'image Notre-Dame était livrée aux flammes; les assassins eux-mêmes y avaient mis le feu pour occuper la foule. Bientôt tous les gens du quartier furent sur pied, toute la ville prit les armes, et les quarteniers eurent ordre de tirer les chaînes afin que personne ne pût quitter Paris.

Le lendemain soir, à l'église des Blancs-Manteaux, deux corps étaient étendus sur un lit de parade, entourés de tout ce qu'il y avait de princes et de nobles à la cour de France. Ces deux corps reposaient sous un dais armorié, sans aucune distinction , si ce n'est que le lit de l'un était moins élevé que celui de l'autre : c'étaient les corps de Louis , duc d'Orléans , et de Jacob de Méré. Leur mort les avait fait égaux ! Les mêmes honneurs furent rendus à l'un et à l'autre, et quand le service funèbre fut achevé, quatre princes du sang se présentèrent pour tenir les quatre coins du dais sous lequel les corps furent portés. Ces quatre princes étaient le roi de Sicile, le duc de Berry, le duc de Bourbon et le quatrième... le croiriez-vous?... ce même duc de Bourgogne que l'on ne connaissait pas encore pour l'assassin, et qui, sans pudeur, se présentait pour conduire ses victimes jusqu'à leur dernier asile et pour voir une lourde pierre recouvrir le corps de son rival.

Le cortège , éclairé par des torches dont la lueur lugubre ajoutait à la tristesse de cette scène , se dirigea vers les Célestins, où le duc avait fait construire une chapelle et une sépulture pour sa famille. Là on déposa les deux corps, et là encore le page fut placé auprès du duc, comme si l'on eût voulu prouver que cet enfant, qui avait partagé la mort de son maître, avait droit à partager les honneurs de sa sépulture.

Tristes honneurs pour ce pauvre enfant ! mort si jeune, sans avoir embrassé sa mère ! mort à seize ans, au moment où la vie s'ouvrait si belle pour lui, où il allait peut-être s'élancer de toute la force de son courage dans la carrière des armes.

Valentine de Milan attendait toujours dans son château de Blois le retour de son page, qui devait lui ramener son époux. Malheureuse princesse ! après un mois d'attente elle ne reçut qu'un message de mort. Vous dire sa douleur, serait impossible ; elle baigna ses enfants de ses larmes, puis elle pensa à venger son époux. Et quand elle demanda à ses enfants réunis autour d'elle :

— Lequel de vous sera son vengeur ?

Le petit Jehan, que vous avez vu au commencement de cette histoire, se dressa de toute sa hauteur, et s'écria :

— Ce sera moi qui vengerai mon père !

Cet enfant s'illustra plus tard sous le nom de Dunois. Valentine, accompagnée de toute sa famille, vint à Paris demander justice au roi ; mais elle ne l'obtint pas, tant on redoutait ce puissant duc de Bourgogne. Alors cette pauvre princesse, tout entière à sa douleur, s'entoura de tout ce qui pouvait lui rappeler son époux. Elle fit tendre de noir tous ses appartements, et partout fit inscrire cette devise qu'elle avait faite elle--même :

> Plus ne m'est rien,
> Rien ne m'est plus.

Enfin, au bout de dix-huit mois de larmes, elle succomba à son chagrin, non sans avoir pensé bien des fois à ce malheureux Jacob de Méré, mort pour elle, victime de son dévouement.

Quant au sire de Méré, depuis la mort de son fils, c'était à qui, parmi les princes, l'attirerait auprès de lui : car, je vous l'ai déjà dit, à cette époque un souvenir de gloire n'était pas perdu ; et l'on entoura d'honneurs et de respects ce vieux gentilhomme, par cela seul qu'il avait donné naissance à un enfant aussi noble et aussi courageux.

MAUVAIS FILS ET MAUVAIS PÈRE.

—

PREMIÈRE PARTIE.

LE CHATEAU DE LOCHES.

Charles VII , aidé du courage de Dunois et de l'héroïsme de Jeanne d'Arc, était enfin parvenu à chasser de France les Anglais, qui, depuis plusieurs siècles, y avaient de nombreuses possessions. Guines et Calais étaient les deux seules places qui restassent à ces derniers en France ; mais, du fond de ces deux places, ils n'étaient plus assez puissants pour qu'on eût à craindre de leur part la perturbation du

royaume. Charles, maître enfin, après une longue
lutte, de son beau royaume, était donc en droit
d'espérer des jours de bonheur et de calme, si, dans
sa propre maison, n'eût surgi un ennemi plus à redouter cent fois que les Anglais qu'il avait chassés.
C'était son fils, le dauphin Louis, de vingt ans seulement plus jeune que le roi, et déjà ambitieux de
régner, quand son père était encore loin d'être las
de porter le sceptre. Ce dernier, jaloux d'une puissance si laborieusement acquise, ne se sentait nullement disposé à en rien distraire en faveur de son
fils ; et c'est du choc de ces deux ambitions que ré-
sulta ce que je vais vous dire.

Depuis quelque temps déjà, le roi Charles vivait
au milieu des fêtes à Chinon, lorsqu'un matin, son
fils Louis se présenta devant lui.

—Dieu vous garde ! mon père, — lui dit-il avec
un air de respect affecté, — j'espère qu'aucun mal
n'a altéré votre chère santé ?

— Aucun, gracieux fils, si ce n'est le déplaisir de
voir encore mon dauphin ne pas se mêler aux joies
de la cour, et vivre retiré en son logis, comme si ce
n'était pas la gloire de son père que l'on célèbre par
ces fêtes.

— Pasques Dieu ! sire, si j'agis ainsi, c'est que
je suis jaloux de votre renommée, et qu'il serait

honteux de voir, au milieu de tous ces seigneurs éclatants de richesses, le dauphin de France, la première personne du royaume, après vous, sire, faire aussi piteuse figure que le pourrait faire le plus pauvre gentilhomme.

— Toujours le même discours! Louis, — reprit le roi d'un ton sévère; — toujours des murmures!

— Moi! murmurer, sire, Dieu m'en garde!... N'êtes-vous pas mon seigneur et mon maître?—fit le dauphin en s'inclinant respectueusement;—n'avez-vous pas le droit d'agir comme bon vous semble à l'égard de votre fils et vassal?... Seulement, il m'est triste d'avoir moins de crédit en cette cour qu'on n'en pourrait accorder à un des archers de votre garde, et de n'être pas même admis à connaître un mot des affaires de cet état que je dois posséder un jour.

— Assez, Louis, assez... mettez fin à vos doléances, et attendez tout du temps et de votre soumission.

— Ma soumission est grande, sire, mais le temps est long... cependant j'attendrai, puisque tel est votre bon plaisir... Puis, après un instant il ajouta: la place de receveur des tailles pour le duché de Normandie est venue à vaquer, et j'avais proposé pour cette charge un de mes féaux serviteurs, Clermont Tallard...

—Je le sais, beau fils, —répondit le roi avec intention, — mais j'ai commis cette charge à un de mes vieux gentilshommes, lequel versera entre mes mains les bons deniers normands, qui certes auraient pu prendre une autre voie, si votre féal serviteur s'en fût chargé.

— Vrai Dieu! sire, s'écria le dauphin rougissant de colère... mais reprimant aussitôt ce mouvement: que votre volonté soit encore faite en ceci! ajouta-t-il.

Et il se préparait à se retirer, lorsque le roi l'arrêta.

— Louis, mon fils, —lui dit-il, —je veux que vous paraissiez aux fêtes de ce jour... promettez-moi que vous ne resterez pas ce soir enfermé dans votre logis...

— Par notre dame! je vous jure, sire, que je ne serai pas ce soir en mon logis! s'écria Louis d'un ton à prouver qu'il avait vraiment l'intention d'obéir.

Il sortit de l'appartement du roi et rentra dans le sien où il trouva Clermont Tallard qui l'attendait.

— Encore un refus! — Clermont, dit-il en entrant d'un pas brusque et agité... — répète-moi ce que tu me disais tout-à-l'heure, mon féal, car le temps presse.

— Le duc d'Alençon est tout à vous, monseigneur, et il vous offre un asile dans sa bonne place de Loches, une des plus fortifiées qui existent en France.

— Quelles sont ses forces?

— Trois cents lances et quinze cents archers...

— Avec ces troupes on pourrait tenir campagne au besoin... et mon cousin de Bourbon?

— Monseigneur de Bourbon ne promet rien avant que les choses ne soient entamées, mais il soutiendra le dauphin de France dans la réclamation de ses droits... Tenez, monseigneur, il vous en assure par cet écrit.

— Pasques Dieu! — Clermont, dit le dauphin après avoir pris l'écrit du duc, — notre cousin agit de prudence... mais nous le forcerons bien à nous servir.. Clermont, il faut partir aujourd'hui même... tout est-il préparé?

— Tout, monseigneur; votre suite a déjà quitté le château sous divers prétextes, et vous attend à l'hôtellerie du Léopard hors des murs de la ville.

— Bien, mon féal, rejoins-les promptement... Quant à moi, je ne tarderai pas à te suivre.

Clermont Tallard sortit et rejoignit la troupe du

dauphin, à laquelle il annonça l'arrivée du prince.

— Par notre dame! notre beau cousin de Bourbon,—fit Louis quand il fut seul,—la prudence n'est pas toujours bonne conseillère... et voici un écrit qui, tombant entre les mains du roi, vous compromettrait et vous rejeterait malgré vous dans notre parti... je l'oublierai cet écrit... il restera sur cette table... Quant à vous, mon cousin d'Alençon, toujours prêt à la rebellion, si jamais je deviens roi, j'aurai l'œil sur vous... pour le présent, j'userai toujours de votre secours... maintenant prions Dieu pour qu'il me protége.

Il s'agenouilla, marmotta quelques prières, puis se relevant, il posa l'écrit du duc de Bourbon sur une table, en un lieu bien visible ; ensuite il sortit du château et eut bientôt rejoint ses gens à l'hôtellerie du Léopard. A son arrivée, chacun monta à cheval, et quand Louis se fut bien placé en selle, il tourna les yeux vers le château de Chinon qu'on apercevait au loin, et s'écria :

— Pasques Dieu! mon royal père, vous n'aurez pas à vous plaindre de moi... je tiens mon serment, et je ne resterai pas ce soir en mon logis... marchons, messieurs !

— Où allons-nous? monseigneur, — demanda Clermond Tallard.

— Au château de Loches ! — répondit le dauphin ; — et la troupe se mit en marche.

Quelque temps après, Louis se promenait avec le duc d'Alençon sur les remparts du château de Loches.

— Vraiment, beau cousin, — disait le dauphin au duc, — je n'ai pas encore vu place mieux fortifiée, et je crois que de ce lieu je pourrai braver la colère de mon honoré père.

— Sans aucun doute, monseigneur ; cette place a résisté à tous les efforts des Anglais, et je suis heureux d'avoir pu vous offrir un asile aussi assuré contre le ressentiment du roi.

— Tu es un bon et loyal ami, Charles, — dit Louis en s'appuyant familièrement sur l'épaule du duc, — et quand la mort de mon père... Le ciel nous préserve de ce malheur !... mais enfin quand la mort de mon père aura fait passer sur mon front la belle couronne de France, je me souviendrai de toi...

—Monseigneur, croyez que le dévouement plutôt que l'intérêt...

Il allait continuer, mais Louis l'arrêta.

— Ne vois-tu pas, cousin,—lui dit-il en portant sur la campagne des yeux inquiets, — ne vois-tu pas une nuée de poussière au loin ?

— Par la croix du Seigneur ! cela est vrai, — s'écria le duc après avoir regardé, — et maintenant que le soleil brille, je vois scintiller au loin le fer et l'acier.

— Seraient-ce les gens de mon père, beau cousin ?

— N'en doutez-pas, monseigneur, — reprit le duc, — n'en doutez-pas...

— Par notre dame ! si je tombe entre leurs mains, Charles, je suis perdu !

— Vous n'y tomberez pas, monseigneur, où la dernière pierre de ce château sera renversée... Je jure Dieu que mes hommes d'armes vous défendront jusqu'à la mort. Encouragés par votre présence, il n'est pas de hauts-faits dont nous ne soyons capables !

— Ton courage me rassure, beau cousin, et moi-même... mais qui vient là ?

Un capitaine des archers du duc s'approchait en courant, et quand il fut arrivé :

— Messeigneurs, — leur dit-il, — un marchand qui parcourt les campagnes, vient de se présenter à la poterne en demandant l'entrée de ce château. J'ai voulu le renvoyer, mais il a tant insisté pour que vous fussiez prévenus, que je ne sais ce que je dois faire...

— Le renvoyer, messire, — répondit précipitamment le duc, — peut-être est-ce un espion des gens du roi, chargé de connaître nos forces. Il faut le renvoyer...

— Pourquoi ?—dit à son tour Louis, — dont la figure avait pris une expression moins inquiète à l'arrivée du capitaine, pourquoi ne pas le recevoir, cousin ? Peut-être cet homme pourra-t-il nous donner quelque avis utile sur la troupe qui s'avance.

— Mais s'il est des leurs ? répondit le duc.

— Qui nous oblige à le leur renvoyer ? n'y a-t-il pas en ce château une bonne geôle qui nous puisse répondre de lui ?

— Par Dieu ! vous avez raison, monseigneur, on va l'introduire... Veuillez donc l'interroger pendant que je vais m'occuper des préparatifs de la défense ; car, ajouta-il en regardant de nouveau la campagne, il ne faut plus en douter, on vient nous assiéger.

Le duc disparut bientôt avec le capitaine, et Louis rentra dans l'intérieur du château. A peine était-il dans son appartement, qu'on lui amena le marchand. D'un signe il renvoya ceux qui avaient amené l'étranger, et quand il fut seul avec lui :

—Tu peux parler, Robert, lui dit-il, — as-tu fait

provision de nouvelles? Que se passe-t-il? Et qu'as-tu fait pour moi?

— Monseigneur , répondit Robert qui n'était autre qu'un des espions du dauphin, après votre départ, il y a eu grand tumulte à Chinon : notre sire le roi qui vous attendait à sa fête, fut surpris de ne pas vous voir: il vous envoya quérir par le comte de Dunois, qui ne trouva dans votre logis que l'écrit du duc de Bourbon. Il le rapporta au roi, et il ne fut plus possible de douter que vous ne fussiez entré en une ligue pour la réclamation de vos droits. D'abord, on ne savait pas le lieu de votre retraite , mais bientôt on ne tarda pas à le connaître, et l'on assembla une grande troupe à laquelle on donna ordre de s'emparer de vous.

— Mais que faisait Clermont pendant ce temps?

— Il agissait pour vous, monseigneur. Après que vous l'eûtes renvoyé d'ici, il s'est rendu auprès du duc de Bourbon, lui a appris comment son écrit était tombé entre les mains du roi par un oubli in- volontaire de votre part; et le duc, compromis, n'a vu d'autre parti à prendre que de se déclarer pour vous. Aussi vous offre-t-il un asile en sa ville de Moulins ; allez-y monseigneur , car la troupe qui s'avance est nombreuse, et il n'est pas possible que la place ne soit pas enlevée d'assaut.

— Je partirai… mais comment sortir sans être reconnu?

— Le moyen en est simple, monseigneur, et messire Clermont y avait pensé. J'ai dans ces paquets un vêtement pareil au mien , et sous ce costume…

— Je pourrai gagner Moulins, c'est vrai… mais pour sortir de ce lieu?… Le duc qui s'expose en ce moment à soutenir un siége pour moi, n'y voudrait pas consentir… J'attendrai ce soir… ; jusque-là , Robert, parais dans les cours ; il faut qu'on te voie.

Après cet entretien, Robert descendit, et Louis attendit le duc qui ne tarda pas à venir.

— Eh bien ! monseigneur, demanda ce dernier, quel est cet homme?

— Un simple marchand, qui m'a donné sur l'armée du roi les plus amples renseignements… ; elle est nombreuse, beau cousin ; mais avec de bons archers comme les tiens, et un chef comme toi, certes il n'y a nul danger.

— Je l'espère, monseigneur, et j'agirai de telle sorte qu'il en soit ainsi.

— Quant au marchand, dit Louis , on pourra le laisser passer lorsqu'il voudra quitter ce château.

— Je donnerai ordre pour cela, dit le duc en sortant.

Quand Louis fut seul, il songea à se travestir, et pour cela il fit appeler Robert, qui ne se fit pas attendre. Puis, à la nuit tombante, le dauphin descendit, traversa les cours, se présenta à la poterne où l'ordre avait été donné de laisser passer le marchand, et il se dirigea vers Moulins après avoir évité les gens du roi.

Cependant, ces derniers avaient entouré le château, et déjà un héraut était venu deux fois sommer le duc de livrer le dauphin. Deux fois déjà, le duc avait refusé de remettre le prince entre les mains du héraut; mais enfin, ne le voyant pas paraître, il monta à son appartement pour lui apprendre ce qui se passait. Il n'y trouva que Robert.

— Vous ici? marchand; mais il y a à peine une heure que je vous ai vu sortir par la poterne... que veut dire cela?

— Cela veut dire, monseigneur, que le dauphin est en ce moment sur la route de Moulins, et qu'il est sorti à ma place...

— Le dauphin est parti! — s'écria le duc — et il descendit précipitamment. Quand il arriva sur le rempart, le héraut du roi faisait la troisième sommation.

— Ouvrez les portes! — s'écria le duc à voix haute — baissez le pont-le-vis, et que le chef de la troupe vienne, au nom du roi, prendre le dauphin s'il se trouve en ce lieu.

Le lendemain, après que les perquisitions les plus sévères eurent été faites dans le château, la troupe se retira et vint rendre compte à Charles VII du mauvais succès de sa mission.

Cependant Louis était arrivé à Moulins ; mais il fut bientôt obligé de chercher un autre asile. Le duc de Bourbon se vit tout-à-coup attaqué par le duc de Savoie qui avait des prétentions à la principauté de Dombes, et qui voulait profiter de la présence du dauphin en Bourbonnais pour obtenir des secours du roi de France. Louis fut donc forcé d'avoir recours au duc de Bourgogne : mais celui-ci n'accorda asile au dauphin qu'à cette seule condition qu'on l'accepterait pour médiateur entre le père et le fils. Force fut bien à Louis, traqué de toutes parts, d'accepter cette condition, et il passa en Bourgogne.

Au bout de quelque temps, la paix fut signée entre le dauphin et le roi par les soins du duc de Bourgogne, et Louis retourna en France.

II.

UN MARIAGE ET UN BAPTÊME.

Il y avait treize ans déjà que Louis était de retour
à la cour de son père, et depuis ce temps il avait si
bien su dissimuler son ressentiment, que le roi ne
doutait pas que son fils ne fût enfin véritablement
rentré dans le devoir. Cependant, soit par un reste
de méfiance, soit que sa volonté fût irrévocable,
Charles VII n'avait pas encore accordé à son fils une
ombre de pouvoir, et toujours il l'avait tenu éloi-

gné des affaires. Le même motif qui déjà avait poussé le dauphin à la révolte, existait donc; seulement, Louis avait si habilement tenu caché son irritation et ses projets de révolte, que lorsqu'il présenta au conseil du roi une enquête pour obtenir la permission d'aller faire un voyage en Dauphiné, personne ne songea à s'y opposer; le dauphin obtint tout ce qu'il désirait.

Or, ce n'était pas dans le seul but d'un voyage, que Louis avait fait cette demande. Seul, peut-être en France, il connaissait à fond les termes de la donation du Dauphiné. Il savait que le donateur avait exigé que le fils aîné du roi serait, du jour même de sa naissance, souverain de ce pays, sans avoir besoin d'autre investiture que celle que lui donnait sa naissance. Il savait aussi que le Dauphiné ne relevant pas de la couronne, il pourrait y trancher du roi suivant son bon plaisir; aussi, lorsque le conseil consentit à ce qu'il fît un voyage de quatre mois, son intention était de ne pas revenir.

A peine arrivé dans son petit état, il s'y conduisit de manière à ne laisser aucun doute sur ses résolutions, et à convaincre le conseil et le roi même qu'ils avaient été joués. Cependant, avant de punir son fils, Charles attendit que les quatre mois fussent expirés.

Un jour — c'était celui fixé pour le retour du dauphin — Charles, inquiet et agité, avait appelé auprès de lui le comte de Dunois qu'il honorait de sa confiance.

— Eh bien ! comte, lui dit-il, notre fils Louis s'est encore révolté contre nous ; après treize ans d'une soumission feinte, il a enfin levé le masque.

— Attendez encore, sire ; il ne faut pas condamner monseigneur le dauphin avant de savoir s'il ne rentrera pas dans ce palais. C'est aujourd'hui qu'expire le terme de quatre mois qui lui a été accordé.

— Il ne reviendra pas, comte, il ne reviendra pas. Louis est un méchant fils qui ne prend nul souci de mes tourments, et qui me veut plus de mal que mes ennemis d'outre-Manche.

— Peut-être... sire — répondit Dunois en cherchant à apaiser la colère de Charles.

— Ne le défends pas ; comment veux-tu que je qualifie sa conduite, si je ne l'appelle une trahison ? Depuis qu'il est en Dauphiné, Louis agit comme s'il n'y avait pas de roi en France ; il reçoit les ambassadeurs des souverains étrangers, il traite avec eux... et moi, par un reste de tendresse, je souffre tout cela... Oh! non, il n'en sera pas ainsi... Comte, tu m'as délivré déja de formidables ennemis ; reprends les armes et cours sur celui-là... ne lui fais ni grâce ni merci...

— Sire, monseigneur le dauphin! — répondit Dunois avec hésitation.

— Et toi aussi, tu voudrais m'abandonner!

— Le pensez-vous, sire? — s'écria aussitôt le comte. — Oh! cela est mal, et je croyais que mon dévouement...

— Pardonne, ami — reprit le roi après un instant — pardonne... mais on peut devenir soupçonneux quand on se voit trahi par son fils.

— Sire, je vais partir; et la manière dont je traiterai notre rebelle dauphin vous servira de preuve que je ne vous suis pas traître!...

En disant ces mots, Dunois se préparait à sortir; le roi le retint.

— Comte—lui dit-il en hésitant—tu vas châtier un rebelle; mais ne le fais pas trop durement; rappelle-toi que ce rebelle est mon fils.

— N'ayez nul souci — répondit le comte. — Et il sortit.

A peine Charles fut-il seul, que les larmes coulèrent en abondance de ses yeux.

Le dauphin n'avait pas tardé à apprendre les ordres que le roi avait donnés contre lui, et du premier coup-d'œil, il avait jugé qu'il lui serait impossible de résister. Aussi , sans attendre l'arrivée de Dunois, il avait pensé à se procurer une retraite où l'on ne pût pas l'atteindre. D'abord , il avait songé au duc de Bourbon ; mais ce duc était trop faible , toujours tenu en respect par son redoutable voisin de Savoie. Il ne restait donc que le duc de Bourgogne ; mais Louis savait qu'en lui demandant un asile, il s'exposait à ce que le duc offrît sa médiation. C'était ce qu'il voulait éviter ; aussi prit-il de lui-même ce qu'on lui aurait indubitablement refusé. Il se déguisa , quitta le Dauphiné, traversa la Bourgogne et arriva en Brabant sans être reconnu. Ce fut seulement alors que le duc de Bourgogne apprit que le dauphin avait pris asile chez lui ; mais , malgré sa colère, il n'osa pas le faire sortir de ses états.

En apprenant la retraite de son fils, le roi Charles entra en fureur , et promit d'en tirer une éclatante vengeance.

A quelque temps de là, le dauphin était au milieu de sa petite cour en Brabant ; et c'était à qui, parmi ceux qui l'entouraient, trouverait les discours les plus propres à le flatter.

— Il est étrange, monseigneur, disait un gentilhomme, que le roi de France vous tienne ainsi écarté des affaires, et vous force à vivre loin d'un pays qui vous doit appartenir un jour, car il m'est avis que vous seriez plus apte à gouverner que ceux qui en ont la charge maintenant.

— Tu crois, mon loyal? — répondit Louis en s'approchant de celui qui parlait ainsi, et en s'appuyant sur son bras avec familiarité—tu crois qu'ils ont tort de me tenir ainsi éloigné?

— Sans aucun doute, monseigneur, et il faut que le roi soit fou...

— Assez! —fit Louis d'un ton sévère,—respectez notre honoré père... puis, adoucissant aussitôt le ton de sa voix : — Tu trouves donc que dans ce qui s'est passé il a eu tous les torts, et que moi seul ai la justice et le bon droit de mon côté?

— J'en jure Dieu, monseigneur, et il faut que cela soit puisque les saints vous protègent. Avez-vous jamais été plus heureux que depuis votre retraite en ce pays où la vengeance du roi est impuissante?

— Peut-être, ami, peut-être... Notre royal père n'est pas homme à abandonner aussi facilement le désir de satisfaire son ressentiment, et d'un moment à l'autre il se pourrait qu'il se tramât quelque chose contre moi en France. Au reste, c'est ce que nous saurons au juste au retour de certaine ambassade que j'ai envoyée par-devers le roi, et qui ne doit pas tarder à revenir céans...

La conversation de Louis fut interrompue tout-à-coup par l'arrivée du médecin de la dauphine, qui vint annoncer que la princesse venait de mettre au monde un fils.

— Vrai Dieu! mon digne maître, — s'écria Louis avec joie, tu ne me saurais apporter une plus agréable nouvelle, et je t'en veux récompenser dignement.

Il prit la chaîne d'or qu'il portait à son cou et la donna au médecin; puis, se tournant vers les gentilshommes:

— Messeigneurs, — leur dit-il, — je veux que ce jour soit un jour de joie pour nous. Qu'on se prépare à la chasse; et au retour, quand nous aurons forcé le daim, il y aura fête en ce palais.

Une heure après, les chevaux attendaient dans les cours, et les chasseurs, armés de leurs épieux, sautèrent en selle et partirent au son du cor.

Le lendemain, Louis et les seigneurs de sa petite cour étaient encore rassemblés dans la même salle, quand un bruit inaccoutumé se fit entendre dans la cour, et une troupe de cavaliers y entra en toute hâte, précédée de Clermont Tallard et de sire d'Argenson.

— Pasques Dieu ! Messeigneurs , — s'écria Louis après avoir regardé en dehors, — voilà mon envoyé qui revient de la cour de France accompagné du messager de mon cousin de Bourgogne; ils vont nous régaler de nouvelles.

Un instant après, Clermont et le sire d'Argenson étaient introduits.

— Dieu vous garde, messires, — leur dit le dauphin du plus loin qu'il les aperçut. — Eh bien ! Clermont, mon père a-t-il fait droit à mes demandes?

— Monseigneur, le roi a refusé de m'entendre, — répondit Clermont Tallard ; — mais voici messire d'Argenson qui a été plus heureux.

— Parlez-donc, messire, — dit Louis en se tournant vers l'envoyé du duc, — dites-nous ce que notre royal père exige de nous ?

— Monseigneur, — reprit d'Argenson avec ménagement, — notre sire le roi, écoutant les propositions d'accommodement que je lui ai faites au nom de mon seigneur et maître, est entré en une grande colère contre vous ; cependant, après un instant, il s'est apaisé et vous a promis grâce et pardon si vous vouliez rentrer avec soumission en pays de France : et je viens, au nom de monseigneur de Bourgogne, vous engager à mettre fin à tous ces différends.

— Messire, — reprit le dauphin dont la figure exprimait un fort mécontentement, — vous remercierez de notre part notre beau cousin de Bourgogne de ses soins pour amener la paix entre mon père et moi ; vous lui direz que je réfléchirai aux conditions imposées par le roi, et que, de toute manière, je prendrai en considération le grand embarras que paraît lui causer ma personne.

Après ces paroles, le dauphin tourna brusquement le dos au sire d'Argenson, et sortit de la salle après avoir fait signe à Clermont de le suivre.

Quand il fut seul avec ce dernier dans son appartement :

— Ça, Clermont, — lui dit-il, — d'après ce que je vois, tu as agi suivant mes instructions, et tu as mené les choses de manière à ce qu'il ne puisse plus y avoir d'accommodement possible entre le roi Charles et le dauphin de France.

— J'ai tellement agi suivant vos intentions, monseigneur, que le roi, choqué des premiers mots de mon discours, a refusé d'entendre le reste, et qu'il m'a ordonné de sortir de France sous huit jours. Cependant, comme vous avez vu, j'ai désobéi à cet ordre, et je suis resté assez longtemps pour apprendre une nouvelle qui vous fera voir que tout est rompu sans retour, et que le roi vous traite comme si vous étiez un étranger pour lui.

— Pasques Dieu! Clermont, — s'écria le dauphin, rouge de colère, — mon père serait-il assez mal avisé pour porter la main sur mes droits.... Que veux-tu dire?

— Que madame Madeleine de France, votre sœur, a été recherchée en mariage par le seigneur Ladislas, roi de Hongrie; que le parti a été trouvé avantageux, et que le mariage a été résolu sans vous en donner avis. Bien plus, dans l'acte qui en a été dressé, et dont je me suis procuré une copie que voilà, il n'a pas été fait plus mention de vous que si vous n'existiez pas.

Louis, tremblant de fureur, prit la copie de l'acte, et après l'avoir lue en entier:

— Par le ciel! mon très honoré père, — s'écriat-il, — vous voulez jouer à pareil jeu avec moi! Eh bien! je répondrai à cet insolent mariage par un baptême qui ne le sera pas moins... Clermont, — ajouta-t-il, — tu préviendras les seigneurs qui se trouvent céans que je les convie pour demain au baptême du fils que Dieu m'a envoyé.

— Vous êtes père, monseigneur?

— Oui, Clermont, et demain mon fils sera baptisé comme le serait le fils aîné d'un roi de France, sous le nom de duc de Normandie... Est-ce là répondre à un outrage? demanda-t-il en souriant.

Le lendemain, le fils du dauphin fut présenté sur les fonts baptismaux, et y reçut le nom de duc de Normandie, comme si déjà il n'y avait plus de roi en France.

III.

HUIT JOURS DE JEUNE.

A la nouvelle de ce baptême, Charles VII ne fut pas maître de son émotion ; il fit sortir tous ceux qui se trouvaient auprès de lui, et resta seul avec Dunois.

— Eh bien ! comte,—lui dit-il d'une voix émue, — que penses-tu de cela ?

— Que le dauphin a voulu se venger de ce qu'il

n'avait pas été fait mention de lui dans l'acte de mariage de madame Madeleine de France.

— Vraiment, comte, si sa pensée n'avait été que celle-là, je lui pardonnerais encore ; mais j'en vois une autre cachée sous cette action.

— Que voulez-vous dire ?

— Ne sais-tu pas que c'est attenter à une de mes plus inviolables prérogatives que de faire baptiser son fils aîné sous le nom de duc de Normandie ?... Que c'est un droit que le roi de France a seul ?... Il faut donc que mon fils se voie déjà roi en ma place, et qu'il se croie bien assuré de ma mort.

— Y pensez-vous, sire ? vous si bien portant ?

— Il n'y a telle santé, comte, que le poison ne puisse détruire ; et cet acte du dauphin me prouve qu'il compte sur quelque moyen de cette nature pour se débarrasser de moi.

— Le poison ! — reprit Dunois avec indignation, — le poison ! Mais le dauphin n'oserait... D'ailleurs, comment voulez-vous que de si loin ?...

— Louis est astucieux et adroit, et ce n'est pas par lui-même qu'il cherchera à corrompre mes aliments ; mais il chargera de ce soin mes serviteurs, auxquels il promettra l'impunité après ma mort.

— Cela se pourrait supposer si vous n'étiez pas entouré de bons et fidèles serviteurs. Mais, croyez-moi, sire, il n'en est pas un parmi vos officiers de bouche et de cuisine qui fût déloyal au point de se charger d'une pareille mission. Je vous en conjure, sire, chassez cette mauvaise pensée, et fiez-vous au dévoûment de ce qui vous entoure.

— Allons, je veux te croire, ami, cependant... Ah ! c'est une cruelle chose, — ajouta-t-il en se laissant aller à toute sa douleur, — c'est une cruelle chose, Jean, que d'en être réduit à tout craindre de son fils.

Dunois employa les meilleurs raisonnements que pouvait imaginer sa sollicitude pour rassurer le roi et le ramener à d'autres pensées, et il ne se retira que lorsqu'il le vit plus calme. Cependant, lorsque Charles fut seul, il revint malgré lui à cette idée que son fils avait formé le dessein de l'empoisonner, et bientôt il se la grava si profondément dans l'esprit, qu'elle devint pour lui une certitude, une idée fixe, et qu'il en vint à se méfier de tous, même de ses plus chers serviteurs.

— Dunois a beau défendre mon fils, — se disait-il à lui-même, — je suis sûr qu'il en veut à mes jours ; autrement aurait-il osé commettre une action aussi insolente ?... non certes... mais peut-être Dunois me trompe... peut-être il est gagné par Louis, qui lui aura offert l'épée de connétable...

Le pauvre roi ! du moment qu'il eut perdu la confiance qu'il avait en ses amis, du moment qu'il se prit à douter de Dunois dont l'honneur et le dévoûment ne pouvaient être suspectés, sa guérison morale fut impossible. Il n'eut plus que la mort devant les yeux, et d'un danger imaginaire il en fit un véritable.

Quand l'heure de son repas fut arrivée, il se laissa servir. Puis, quand l'officier de bouche, chargé de goûter à ses aliments, eut rempli son office, il fit sortir tout le monde et voulut rester seul.

— Les insensés ! — se dit-il en les regardant s'éloigner, — ils croient que je vais toucher à cela... Et cet homme qui a goûté à tous ces mets, comme pour me rassurer, peut-être en ce moment il se garantit de l'effet du poison par un breuvage salutaire... mais moi, je ne l'aurais pas, ce breuvage... Cependant, — dit-il en jetant un regard sur les mets qui fumaient devant lui, — cependant j'ai bien faim !...

Et déjà il avait saisi un des plats, mais tout-à-coup il le rejeta sur la table.

— Non, non, — s'écria-t-il avec force, — je ne veux pas que Louis ait à se réjouir du succès de son crime... je ne toucherai pas à ces mets ! je n'y toucherai pas !

Puis, pour éviter la tentation, il prit tous les plats et les jeta dans une petite cour qui se trouvait au dessous de son appartement.

Pendant huit jours, persévérant dans son dessein de ne pas manger, et croyant toujours voir la mort devant lui, Charles se débarrassa de la même manière de ses aliments, qu'il croyait empoisonnés. Moins le roi prenait de nourriture, et plus cette pensée qu'il était trahi, dominait son esprit affaibli. C'était chez lui comme du délire, et ses serviteurs, qu'il semblait éviter avec soin, s'apercevaient du changement de leur maître, sans savoir à quoi l'attribuer. Déjà plusieurs fois depuis ces huit jours le roi était tombé en faiblesse, mais personne n'avait encore découvert la cause de ses évanouissements. Enfin le huitième jour, il lui prit comme une rage, il se tordit sur son lit et demanda à boire. Dunois qui était auprès de lui, lui présenta de l'eau, le roi la prit, puis la rejetant tout-à-coup :

— Traître ! — dit-il au comte en le regardant avec des yeux égarés, — tu veux m'empoisonner ;... Tu es vendu à mon fils !

On commença à comprendre d'où pouvait venir la maladie du roi et on le surveilla. On le vit, le soir, jeter ses aliments comme de coutume, et il ne fut plus possible de douter que le manque de nour-

riture était ce qui produisait chez lui l'état de faiblesse et d'aliénation dans lequel on le voyait. On
commença à concevoir de graves inquiétudes pour
sa vie, et ses meilleurs amis, ses plus dévoués serviteurs, firent de vains efforts pour le décider à
prendre quelques aliments.

En apprenant l'état de son père, Charles, le plus
jeune des fils du roi, se mit à fondre en larmes, et
déplorant la résolution de son frère, il voulut essayer
de réparer, autant qu'il serait en lui, le mal causé
par son aîné. Il se présenta donc devant son père,
et évitant d'aborder le sujet des terreurs de ce
monarque infortuné, il s'approcha de lui et le couvrit de caresses. Le roi voulut d'abord le repousser,
mais bientôt la tendresse et la grâce de cet enfant
le détachèrent malgré lui de cette pensée qui ne le
quittait pas depuis huit jours, et il se laissa aller à
rendre à son fils les caresses que ce dernier lui pro-
diguait.

— Tu es mon Charles bien aimé, — lui disait-il
en passant sa main dans la longue chevelure de l'enfant, — tu es mon bon et gracieux fils, et ta vue
calme un peu mes souffrances. Car j'ai été bien
malheureux durant ces derniers jours... Ils ont tous
voulu m'empoisonner, — dit-il bien bas en attirant
l'enfant à lui, — mais je les ai tous trompés,... je

n'ai pas touché à un seul des mets qu'ils m'ont présentés.

Puis, voyant l'enfant qui essuyait deux grosses larmes le long de ses joues, il ajouta :

— Qu'as-tu donc à pleurer ainsi, mon fils, — lui demanda-t-il, — qui te fait du souci en cette cour?

— Nul autre que vous, mon père, — répondit l'enfant.

— Moi, Charles, et comment cela?

— En refusant toute nourriture. Ne voyez-vous pas que si,... — ce que je ne crois pas, au moins, — mon frère a formé le dessein de vous faire mourir, vous le satisferez par là... car, n'en doutez pas, si vous continuez, votre existence est compromise... Voyez, déjà vous voilà épuisé et souffrant... Tenez, en ce moment vous pâlissez?... Oh ! sire, mon père... qu'avez-vous? s'écria l'enfant en pleurant.

Le roi devenait en effet de plus en plus pâle; une souffrance horrible se peignait sur ses traits contractés.

— Oh ! mon père ! mon père ! ne trépassez pas dans mes bras ! criait l'enfant hors de lui.

Cependant le roi revenait peu à peu à lui; une forte douleur qu'il ressentit, lui rendit pour un moment son énergie ; il se leva , ses yeux brillèrent tout-à-coup , et d'une voix creuse il s'écria :

— Oh ! oui... je souffre !... je souffre !... j'ai faim ! Puis retombant sur son siége , il se prit à pleurer et les larmes le soulagèrent.

— Par le ciel ! je vous en conjure, sire, prenez quelques aliments,—dit tout-à-coup le fils, croyant le moment opportun pour décider son père.

— Non , non... ne m'en parle pas.

— Eh bien ! puisqu'il en est ainsi, quand les officiers de cuisine vont apporter les mets qui vous sont destinés , c'est moi qui les mangerai...

Le roi paraissait ébranlé par ces paroles de l'enfant, celui-ci courut vers la tapisserie qui recouvrait la porte , la souleva, donna précipitamment quelques ordres , et bientôt on apporta une table servie.

— Voici le moment, sire,... voyez, ces mets sont légers, ils conviennent à votre état... votre médecin a présidé à leur préparation... refuserez-vous d'y goûter avec moi.

Le père était sur le point de se décider, et l'enfant s'en apercevant, renouvela ses instances.

— Venez, sire, venez... c'est le seul moyen de faire cesser vos souffrances.

Le roi regardait les mets d'un œil de convoitise.

— Eh bien... dois-je manger seul, mon père, ... que ferez-vous?

— Je mangerai, Charles, — répondit le roi ne résistant plus à la tentation, — je mangerai, dussé-je mourir sur l'heure.

— Oh ! vous ne mourrez pas par la faute de ces aliments qui ont l'air si bons et qui répandent une si suave odeur.

Le dernier coup était porté, le roi s'assit avidement devant la table et porta quelques aliments à sa bouche. Mais à peine eut-il avalé quelques bouchées qu'il se sentit étouffer, et qu'il tomba sans connaissance. L'enfant appela aussitôt, et les médecins reconnurent que les intestins s'étaient resserrés, et que le roi s'était décidé trop tard à prendre une nourriture qui maintenant se refusait à passer.

Le soir du même jour, du pied du lit du roi, une voix avait laissé échapper au milieu des sanglots, ce cri funeste : le roi est mort !

IV.

LE ROI EST MORT ! VIVE LE ROI !

Cependant depuis ce baptême qui avait porté un coup si fatal au roi Charles VII, jamais la petite cour du dauphin n'avait eu un air plus riant et plus joyeux. C'étaient chaque jour fêtes nouvelles ; les plaisirs succédaient aux plaisirs, et pendant que le père agonisait au château de Meun-sur-Yèvre en Berry, le fils vivait en joie dans sa résidence de Brabant. La chasse surtout était son plaisir favori, et le dauphin, rélégué loin des affaires, tenu dans l'inaction par la volonté du roi, exerçait contre les malheureux hôtes des bois et des airs ce que le ciel lui avait donné d'activité.

Un jour, Louis était avec les gentilshommes qui composaient sa petite cour et il chassait à l'oiseau le long d'une rivière. Le faucon déchaperonné avait aperçu le héron et avait pris son vol, serrant de près son ennemi, le pressant, le poussant, s'abattant s'il s'abattait, et s'élevant s'il s'élevait. Déjà le moment était proche où le pauvre héron, fatigué des poursuites incessantes du faucon, allait céder aux efforts de son ennemi; chacun suivait avec intérêt la lutte des deux oiseaux. Louis, plus intentionné qu'aucun des gentilshommes, excitait son faucon de la voix, lorsqu'un cavalier parut dans le lointain. Ce cavalier accourait à toutes brides, et du plus loin qu'il crut pouvoir être aperçu, il fit des signes qu'aucun des chasseurs ne remarqua. Cependant le bruit que faisait cet homme en s'avancant, attira bientôt l'attention, et Louis fut le premier qui l'aperçut.

— Pasques Dieu ! s'écria-t-il en oubliant la chasse, voilà mon fidèle Robert qui vient en toute hâte... il y a sans doute du nouveau en France.

Robert arrivait en ce moment auprès du dauphin. — C'était un des nombreux espions que ce dernier entretenait en France.

— Eh bien! mon fidèle, que viens-tu m'apprendre? demanda Louis en s'avançant vers lui.

— Sire, répondit l'homme, le roi a rendu l'ame. Vous en aurez bientôt l'assurance par messeigneurs d'Orléans et de Bourbon qui viennent au devant de vous, mais j'ai voulu le premier....

— Mon royal père est trépassé! s'écria Louis dont les yeux brillèrent éclairés par la joie...

Puis se découvrant, il ajouta d'un air contrit:

— Dieu veuille avoir son ame!..... Nous fonderons une messe annuelle à son intention.

— Messeigneurs, — dit-il en se tournant vers les gentilshommes qui s'étaient tenus à l'écart, — messeigneurs, le roi est mort!

— Vive le roi! s'écrièrent-ils tous avec enthousiasme.

Un mois après, Louis était à Reims où il fut sacré et reconnu roi sous le nom de Louis XI. Toute la noblesse du royaume, et les ambassadeurs de quatre princes d'Orient firent une cérémonie extraordinaire du sacre de ce roi, qui, après avoir été mauvais fils, ne devait pas être meilleur père, comme je vous le dirai dans la seconde partie de cette histoire.

MAUVAIS PÈRE.

—

DEUXIÈME PARTIE.

V.

LE DUC D'ALENÇON.

Il y avait environ trois ans que le roi Louis XI était sacré, lorsqu'il fit mander un matin auprès de lui Charlotte de Savoie, son épouse. La reine se présenta, amenant avec elle son fils Charles, encore en bas âge.

— Madame — lui dit le roi dès qu'il eut fait retirer tous ceux qui l'entouraient, — il se passe d'étranges choses dans mon royaume. Quelques

9

uns de mes plus grands vassaux se sont révoltés contre moi, et, au nom du *bien public*, ils ont formé une ligue qui peut devenir dangereuse.

— Que voulez-vous dire par là, monseigneur? — demanda Charlotte en tremblant; — car depuis quelque temps Louis se montrait si dur envers elle, qu'elle comprit bien qu'il allait lui donner quelque ordre sévère.

— Je veux dire, Madame, que depuis que la couronne de France est passée sur ma tête, par le fait de la mort de mon royal père, dont Dieu veuille avoir l'ame, les choses ont totalement changé de face. Lorsque je n'étais que dauphin, mon intérêt exigeait que vous fussiez près de moi; maintenant, ce même intérêt exige que je vous éloigne de cette cour.....

— Mais, Sire, je ne comprends pas en quoi ma présence.....

— Écoutez, Madame; votre frère de Savoie est l'allié du Bourguignon, un des principaux moteurs de la ligue formée contre moi, et votre frère pourrait profiter de votre présence en cette cour... Il faut donc, et j'exige que cela soit ainsi, que vous vous retiriez sur l'heure et sous bonne escorte dans le château d'Amboise, d'où vous ne sortirez que par mon ordre.

— Ainsi vous me soupçonnez de trahison, Sire,
— s'écria la reine en se redressant avec fierté,
— et vous me donnez le château d'Amboise pour
prison.

— Pâques-Dieu ! Madame, — fit Louis d'un
ton sévère, — je suis, grâce au ciel, le seul
maître en France, et mes ordres y doivent être
suivis sans murmurer.

— Sire, ce ne sera pas la reine de France qui
donnera l'exemple de la rébellion....; je vous
obéirai..., mais ne prétendez pas me priver de
mon fils!... oh ! non, ne l'espérez pas ! avec lui,
je suis prête à me rendre partout où il vous
plaira de m'envoyer.., mais....

— Eh ! Madame, qui songe à vous séparer
de cet enfant ? J'approuve cet amour de mère
autant que je dois le faire, et je veux que votre
fils soit comme vous bien gardé dans le château
que je vous désigne..... Plus tard, je vous ferai
savoir comment je veux qu'il soit élevé.... Partez maintenant et que Dieu vous garde ! une
escorte vous attend; dans deux heures soyez prête à
la suivre.

— N'embrassez-vous point votre fils avant de
l'éloigner de vous? — demanda la reine en présentant à Louis le pauvre petit Charles, qui

semblait effrayé de la mine soucieuse de son père.

— C'est bien, Madame, — répondit brusquement le roi en repoussant l'enfant qu'on lui présentait; — c'est bien, obéissez... à cette condition seule mon amitié vous est conservée.

La reine se retira tristement, et quand elle fut rentrée dans son appartement, elle pleura long-temps en couvrant de baisers son fils qui devait la consoler à lui seul de sa disgrâce et des ennuis de sa retraite.

— Pâques-Dieu! la reine est folle! — s'écria Louis dès qu'il fut seul; pense-t-elle donc que j'aie rien à redouter d'elle.... Malheur à elle, si cela était!... Mais non, c'est cet enfant que je crains... c'est de lui que peut venir le mal... Si les seigneurs révoltés s'en emparaient, ils pourraient se servir de lui comme ils le font en ce moment de mon frère... et alors...

Il s'arrêta, pensa longtemps, puis, comme par réflexion, il ajouta :

— Un dauphin peut être dangereux... je le sais, moi !

Deux heures après, suivant les ordres de son royal époux, la reine Charlotte quitta le Plessis-les-Tours, où lui se trouvait alors, et se laissa conduire à Amboise , où nous la retrouverons avec son fils quelques années plus tard

Cependant la ligue devenait de plus en plus forte ; le duc de Bretagne , toujours assisté du Bourguignon , et aidé du comte de Charolais , avait attiré dans son parti Charles, frère de Louis XI ; et ce coup hardi avait rattaché à la ligue tous les dévoués serviteurs de l'ancien roi. Néanmoins , après bien des alternatives de revers et de succès de part et d'autre , après bien des traités surpris, accordés et non exécutés, Louis se voyait sur le point de dissoudre la ligue , lorsqu'une circonstance vint donner à cette dernière plus de puissance qu'elle n'en avait jamais eu. Ce fut la mort de Philippe-le-Bon, duc de Bourgogne. Cette mort appela à la succession de ce duché le comte de Charolais, Charles-le-Téméraire, un des plus puissants rivaux du roi.

Louis était donc entouré d'ennemis dans ses propres états , et la révolte dont il avait lui-même donné l'exemple sous le règne de son père , servait en ce moment de punition à sa conduite passée. La trahison, qu'il avait encouragée jadis, vint mettre le comble à son châtiment. Vous vous rappelez sans doute, mes amis , ce duc d'Alençon, qui , dans la première partie de cette histoire , a trahi le roi Charles VII en donnant asile au dauphin révolté ; eh bien, ce fut encore lui qui trahit le roi Louis XI, en livrant aux ligués toutes les places qu'il possédait en Normandie, et parmi lesquelles se trouvait le château d'Alençon, château redoutable et fortifié.

A la nouvelle de cette trahison, Louis entra en fureur, car il vit du premier coup-d'œil de quelle importance elle pourrait être pour le parti de la ligue. Aussi sans s'arrêter à une colère inactive, il résolut de se venger du duc, et pour cela il vint, avec une forte armée, mettre le siége devant Alençon. La place était, comme je vous l'ai dit, bien fortifiée, abondamment pourvue de vivres, et pouvait au besoin soutenir un long siége ; bien plus, le duc lui-même y était retiré ; il avait avec lui son fils René, jeune homme plein de courage, et une bonne troupe de vaillans archers, éprouvés déjà par maint combat. Il paraissait donc impossible que Louis pût jamais s'emparer d'Alençon ; cependant il donna plusieurs assauts, qu; tous furent repoussés avec succès par les assiégés. Voyant donc qu'il lui serait de toute impossibilité de s'emparer du château par la force, il pensa à agir de ruse ; d'ailleurs, c'était son moyen favori. Il chercha à corrompre quelques uns des officiers du duc, mais il échoua encore dans cette tentative; il se vit donc réduit à attendre une occasion favorable. Elle ne tarda pas à se présenter, meilleure qu'il n'aurait osé l'espérer.

Le jeune René, le fils du duc d'Alençon, ennuyé de l'inaction dans laquelle il vivait depuis plusieurs mois au château, en attendant que le roi se décidât à donner un dernier assaut ou à lever le siége, se rendit un jour auprès de son père.

— Monseigneur, — lui dit-il, après l'avoir entretenu pendant quelque temps de choses indifférentes, — ne pourrions-nous enfin trouver un moyen de rompre l'inaction dans laquelle nous vivons déjà depuis trois mois.

— Et lequel ? René; les gens du roi s'obstinent à rester en face du château sans bouger ni plus ni moins que s'ils étaient de cire ; nous avons de quoi les attendre céans, ce n'est donc pas à nous à les aller chercher.

— Par ma barbe! mon père, — s'écria le jeune homme, confiez-moi seulement cinq cents lances et quelques uns des archers francs que vous avez appelés ici, et je jure Dieu que la campagne sera débarrassée avant qu'il soit peu.

— Cela ne peut pas se faire, René, contentons-nous de garder la défensive.... J'ai reçu ce matin dans un moreeau de cire un avis secret qui m'annonce que le roi traite en ce moment avec le duc de Bretagne, mon allié, et qu'une des conditions du traité est la levée du siége d'Alençon. Il faut donc attendre que les pourparlers soient terminés.

— Mais en attendant, monseigneur, que voulez-vous que nous fassions céans, sinon mourir d'ennui. Si encore on avait le loisir de quitter ce château pour aller rompre une lance avec un des gentilshommes du camp ennemi, mais, non : vous avez promis trois jours de geôle à celui qui franchirait la poterne.

— Oui, René, et je le répète... il faut que cet ordre soit exécuté. Le premier qui l'enfreindrait, fût-ce mon fils, serait aussitôt puni comme je l'ai dit.

— Il ne nous reste donc ici qu'à nous amuser comme des femmes à tisser du chanvre ou broder des gantelets ! — s'écria René en sortant avec humeur.

Rien ne flatte tant l'esprit de la jeunesse que l'accomplissement d'une chose défendue ; mais presque toujours aussi il lui prend mal de se laisser aller à son désir de désobéissance. Sans considérer les suites que pourrait avoir son action, René en rentrant dans la partie des bâtiments qu'il occupait, ne rêva plus qu'aux moyens de sortir du château. Le danger que l'on courait à le faire, exposé qu'on était aux attaques des gens du roi, la défense qui en avait été faite si sévèrement, et la punition même qui attendait le coupable, tout flattait la jeune imagination de René. Il lui semblait qu'il était glorieux de s'exposer à une prison de trois jours pour aller, au-delà du camp ennemi, provoquer un gentilhomme, le combattre, et peut-être le vaincre. Peut-être aussi, un motif secret le portait-il à cette action ; quelle que soit la cause qui l'excitait à la désobéissance, René n'en passa pas moins la nuit entière dans l'insomnie, rêvant aux moyens de mettre à exécution son projet. Et, aux premiers rayons du jour, caché sous le costume d'un simple archer, il s'avança vers la petite poterne, l'ouvrit et sortit de la place sans avoir été aperçu.

D'abord il se livra tout entier au plaisir qu'il éprouvait à se trouver libre au milieu de la campagne ; mais bientôt l'idée de sa faute lui revint à l'esprit, et il voulut autant que possible donner à son action une apparence louable. Il se résolut donc à aller au camp ennemi provoquer un seigneur ; à peine eut-il pris cette décision qu'il se hâta de s'a-

vancer vers l'endroit qu'occupaient les gens du roi.
Il n'avait pas fait vingt pas à travers un petit bois
qui le rapprochait de l'armée de Louis XI, qu'il se
vit assailli par une dixaine d'hommes d'armes, qui,
malgré sa résistance, le firent prisonnier.

— Où me conduisez-vous ? — demanda Réné
aux soldats qui l'entraînaient.

— Auprès de notre seigneur le roi ! — répondit le chef.

Louis avait appris dès le matin même, par un des
espions dont il avait fait entourer le château, que
le jeune Réné était sorti seul, sans armes, et déguisé en archer. Habitué à profiter avec adresse de
toutes les circonstances qui pouvaient lui être utiles, le roi n'avait pas voulu laisser échapper celle-
là. Il avait donc donné ordre à quelques soldats de
suivre le jeune homme et de le lui amener sain et
sauf.

Tout en se laissant conduire, Réné réfléchissait
amèrement aux suites que pouvait avoir pour lui
sa désobéissance.

— Le roi Louis est sévère, — se disait-il en
lui-même, — il est irrité contre mon père, et il
se vengera sur moi de la reddition des places de Normandie... Ma mort est certaine... oh ! pourquoi
ai-je voulu quitter le château... Si au moins mon

trépas était utile à mon père , — poursuivait encore René, car, tout emporté qu'il était parfois par l'ardeur de sa jeunesse, il était bon et aimait son père; — si mon sang expiait la faute du duc d'Alençon et le faisait rentrer en grâce auprès de Louis, je m'en consolerais... Mais, non : Louis est vindicatif et ma tête abattue ne le satisfera pas.

C'est au milieu de ces tristes réflexions qu'il arriva jusqu'à la tente royale : on l'introduisit, et on le laissa seul avec les deux arbalétriers qui gardaient l'entrée de la partie occupée par le roi. Pendant deux heures, il eut tout le temps de se livrer aux tristes pensées que lui suggérait sa position; mais insensiblement il s'habitua à cette idée, et s'aperçut seulement alors que depuis le matin il n'avait pris aucune nourriture. Cependant rien n'annonçait qu'il dût sortir bientôt de l'incertitude dans laquelle il était; les heures se passaient, la faim augmentait, et le roi ne l'avait pas encore fait venir en sa présence. La position n'était pas tenable ; déjà il avait vu à plusieurs reprises le maître cuisinier du roi, suivi de ses varlets , passer devant lui chargé de mets dont la fumée avait flatté son odorat, et personne n'avait paru s'occuper de lui. Plusieurs fois déjà il avait adressé des questions aux deux arbalétriers, mais ces deux hommes avaient gardé un silence imperturbable. Enfin , le pauvre jeune homme cherchait dans sa tête les moyens de s'échapper en livrant un combat aux deux gardes , ou de se faire tuer sur la place , lorsqu'un homme vêtu de noir vint le chercher et l'introduisit auprès du roi.

— Salut à vous , mon jeune seigneur , — lui dit Louis , d'un ton courtois, dès qu'il le vit entrer , — je vous ai fait attendre quelque temps, mais j'ai voulu que vous eussiez une réception digne d'un visiteur de votre rang. Asseyez-vous, ajouta-t-il, en montrant à Réné une table royalement servie ; — et prenez des forces pour supporter dignement le sort qui vous attend.

Le pauvre Réné , en entendant ces dernières paroles, oublia tout-à-coup la faim qui le torturait, et voyant le roi sourire d'un air moqueur, il comprit qu'il ne lui restait plus qu'à mourir, et désira au moins en finir promptement.

— Sire , je sais le sort qui m'attend, — répondit-il fièrement , — et je n'ai pas besoin de ces aliments pour soutenir mon courage. Quel qu'il soit , je supporterai mon supplice en noble et vaillant gentilhomme.

— Bien, Réné; je n'en doute nullement; mais comme je veux que mon hôte fasse honneur à ma table, et que je vois que ma présence vous gêne, je me retire, et ne reviendrai que lorsqu'il se sera passé assez de temps pour que vous ayez satisfait à votre appétit.

Le roi sortit et laissa Réné encore plus indécis que jamais sur son sort. Cependant, le jeune homme, tourmenté comme il l'était par la faim, ne resta pas oisif devant une table si bien servie, et tout en attendant la mort, il fit honneur aux mets qu'il avait devant lui.

Quelques varlets avaient depuis longtemps enlevé la table, et le jour commençait à baisser lorsque Louis rentra ; il fit signe au jeune homme de s'asseoir sur un escabeau, et quand il fut assis lui-même :

— A quel saint dois-je une telle visite ? mon noble gentilhomme, — demanda Louis, — il y a longtemps que j'entends parler de vous comme d'un brave, et depuis ce temps je désirais causer avec vous.

— Sire, je ne vous cacherai pas quel a été le motif de ma sortie du château, — répondit Réné, en se mentant un peu à lui-même, — je voulais provoquer au combat singulier tel de vos gentils-hommes qui aurait voulu se mesurer avec moi.

— Voilà une action qui ne dément pas ce que nous avions appris de vous, beau sire.

— Pour cela j'avais bravé la colère de mon père qui a promis trois jours de geôle à quiconque quitterait le château ; et je serais venu à bout de mon entreprise si je n'étais tombé entre les mains de vos gens qui m'ont fait prisonnier... Je sais que la mort m'attend... mais, par grâce, monseigneur le roi, ordonnez que je meure par la hache, en noble que je suis...

— Que parlez-vous de mort ? mon jeune gentilhomme, — fit Louis feignant la surprise, — ce n'est pas ainsi que l'on traite les gens de votre sorte... je vous estime trop pour cela, beau sire ; et si le ciel avait voulu que vous fussiez dans mon parti, je vous aurais prouvé le cas que je fais de vous en vous donnant le commandement d'une troupe et les éperons de chevalier.

— A moi ! s'écria le jeune homme rouge de plaisir.

— A vous, messire Réné, mais le ciel en a ordonné autrement. N'en parlons plus... Sachez qu'aujourd'hui je ne vous ai pas traité en ennemi, vous êtes libre... Partez, retournez auprès de votre père qui me trahit ; mais rappelez-vous que vous

avez dans le roi de France un ami puissant et dévoué.

Le jeune Réné, plein de reconnaissance pour la
manière dont le roi venait de le traiter, sortit en
toute hâte de la tente et regagna le château. Cependant, malgré toute la diligence qu'il put faire, il
n'y arriva qu'à la nuit. C'était ce que voulait
Louis XI; il ne l'avait ainsi retenu que pour laisser
au duc d'Alençon le temps de s'apercevoir de l'absence de son fils. Quand Réné se présenta à la poterne, il la trouva gardée; il se fit reconnaître,
mais à peine eut-il mis le pied dans le château que
l'on s'empara de lui et qu'il fut mené à la geôle.
Les trois premiers jours il supporta sa peine sans se
plaindre; il l'avait méritée. Mais quand il vit le
quatrième jour se passer sans qu'on vînt lui rendre
la liberté, sa colère ne connut plus de bornes, et
il roula dans sa tête des projets de vengeance.

Enfin le dixième jour on vint le délivrer, et on
le mena devant son père.

— J'ai été sévère envers vous, Réné, — lui
dit le duc, parce que votre désobéissance à mes ordres aurait pu avoir les suites les plus graves si elle
n'avait été sévèrement punie. Maintenant vous avez
expié votre faute, qu'elle soit oubliée... je n'en re-
parlerai plus.

Sans répondre un seul mot, sans chercher à excuser sa conduite, Réné quitta son père et alla s'enfermer dans l'appartement qu'il habitait. Le soir du même jour, il avait ouvert la petite poterne, dont il avait conservé la clé, et regardait la campagne, quand un homme, passant devant lui, lui remit un papier et disparut. Le jeune homme s'approcha d'une torche qui brûlait dans la cour, et lut ces mots :

« — Souvenez-vous du roi Louis XI et des éperons de chevalier.

Une heure après Réné était auprès du roi, auquel il remettait la clé de la petite poterne, et le lendemain la bannière royale flottait sur le château d'Alençon ; le duc, prisonnier, était envoyé sous bonne escorte dans la prison du château de Loches, et le jeune Réné, honteux de sa trahison, quittait le parti du roi sans réclamer les éperons de chevalier si déloyalement gagnés.

De Loches, le duc d'Alençon avait été conduit au Louvre, d'où, quelques années plus tard, il fut tiré pour comparaître devant le parlement, qui le condamna, comme traître, à avoir la tête tranchée. Le jour où devait avoir lieu son exécution, le duc demanda à parler au roi, qui consentit à l'entendre. Le roi avait ordonné que tous ceux de sa cour

fussent présents à cette entrevue, et il s'était fait
entourer de quelques-uns de ses Écossais.

Quand le duc parut, un murmure de compassion
se fit entendre, tant il y avait de douleur empreinte
sur la figure blême de ce vieillard, dont la prison
avait encore hâté la vieillesse. Le roi lui-même ne
put se défendre d'un mouvement de pitié à la vue
de cet homme qui avait été son ami, et que le malheur avait si cruellement changé : cependant il ré-
prima bientôt ce premier mouvement, et se tournant
vers le duc :

— Vous avez demandé à être amené devant nous,
duc ; que voulez-vous ?

— Ce n'est pas ma grâce que je viens demander,
sire ; veuillez m'entendre. Ma grâce, qu'en ferais-
je ?... je suis vieux, et ma vie est empoisonnée par
une douleur trop amère pour que je veuille la conserver. Donc, écoutez-moi.

Chacun se tut et parut prendre un grand intérêt
à ce qui allait se passer.

— Sire, — continua le vieillard, — quand
vous n'étiez que dauphin, vous avez donné l'exemple de la rebellion, et depuis que vous êtes roi, la
leçon a été fidèlement suivie ; vous m'avez appris la
trahison, et je vous ai trahi... Oui, sire, j'ai été
coupable envers vous comme je l'avais été envers

votre père en vous accordant un asile... Vous vous êtes vengé de moi en me donnant encore une leçon qui, j'espère, ne sera pas plus perdue que ne l'ont été les autres... Vous avez enseigné au fils comment on peut trahir son père... comment on peut causer sa mort... Oh ! ne m'interrompez pas, sire, ce n'est pas pour le roi défunt que je dis ces paroles... mais pour moi-même... Mon fils René... vous lui avez appris la trahison qu'il ne connaissait pas... et c'est par lui qu'aujourd'hui je vais à l'échafaud... Puisse la leçon profiter à votre fils, monseigneur... puisse votre fils me venger de tout le mal que vous m'avez fait... Ce sera là ma dernière prière quand je vais me trouver face à face avec le bourreau... Marchons ; maintenant je suis prêt, — dit-il en se tournant vers ses gardes. —

— Arrêtez ! — s'écria le roi qui depuis un instant, pâle et agité, paraissait en proie à d'horribles souffrances. — Reconduisez le duc à la prison du Louvre... je casse l'arrêt qui le condamne... Et nous, — dit-il, en se tournant vers les gentils-hommes, — préparons-nous au départ.

— Pour le Plessis-les-Tours, sire ? demanda un des gentilshommes.

— Non, pour le château d'Amboise ! répondit le roi horriblement agité.

VI

LE CHATEAU D'AMBOISE.

Cependant, Charles grandissait à côté de sa mère dans le château d'Amboise ; mais il n'était pas heureux, le pauvre enfant ! Jamais de jeux, jamais d'autre promenade que la cour du château. On eût dit un prisonnier d'état : toutes ses actions, toutes ses démarches, à lui, timide et inoffensif enfant, étaient épiées comme l'auraient été celles d'un homme entreprenant et dangereux. De toutes les personnes qui se présentaient pour visiter la reine et le dauphin dans leur solitude, fort peu obtenaient la permission d'arriver jusqu'à eux , tant le gardien auquel Louis avait commis le soin de veiller sur son fils, était sévère et scrupuleux observateur des ordres qu'il avait reçus.

Cependant, parmi ceux que la volonté du roi laissait approcher de son fils, il en était un que l'enfant aimait plus que les autres : c'était son oncle, le duc d'Orléans, qui, prenant en pitié le dauphin, pour l'abandon dans lequel on le laissait , cherchait, par son affection et ses soins, à réparer, autant qu'il était en lui, le mal que l'injustice et la sévérité du roi causaient au pauvre Charles. Quant à lui, privé des caresses de son père, on conçoit facilement qu'il se laissât aller du premier abord à aimer celui qui l'entourait de soins et de prévenances, lui qu'on y avait si peu habitué. L'oncle venait donc souvent visiter son neveu, et chacune de ses visites était pour l'enfant une véritable fête ; c'était un petit incident qui rompait la monotonie de sa vie solitaire; et puis, son oncle était si bon pour lui, il lui faisait de si beaux récits de batailles et de tournois ; il lui faisait passer de si agréables journées en l'instruisant au métier de la guerre, que Charles s'était insensiblement habitué à vivre auprès de son oncle, et qu'il devenait triste et soucieux quand il restait tout un mois sans le voir.

Les visites du duc d'Orléans cessèrent tout-à-coup : sans doute le roi fut instruit de l'amitié de l'oncle pour le neveu, et de celle du neveu pour l'oncle, et ce commerce intime lui déplut ; sans doute il fit une expresse défense au gardien d'Amboise d'admettre désormais le duc, car trois grands mois se passèrent sans que Charles eût revu son oncle, et la tristesse de l'enfant augmenta.

Un soir (c'était quelques jours après celui où nous avons vu Louis XI ordonner le départ pour Amboise), Charles, triste et ennuyé comme il l'était depuis trois mois, était auprès de sa mère, qui cherchait par ses paroles à distraire l'enfant assis à ses pieds.

— Quel souci as-tu, Charles? pourquoi, depuis si longtemps, cette tristesse? pourquoi, en ce moment, ces larmes dans tes yeux ?

— C'est que je m'ennuie, ma mère, dans ce château dont je ne puis sortir; encore si, comme autrefois, mon oncle d'Orléans venait me visiter... mais voilà trois grands mois que je ne l'ai vu.

— C'est vrai, voilà trois mois... et son silence m'étonne; il faut que quelque ordre sévère...

— Un ordre !... et qui donc aurait pu donner à mon oncle l'ordre de ne plus me voir ?

— Je ne sais... — répondit la reine embarrassée par cette question , — peut-être...

— Qui donc ?... le roi, mon père ?

— Je n'ai pas dit cela, Charles, je n'ai pas dit cela, s'écria la reine effrayée et regardant autour d'elle comme si elle tremblait d'avoir été entendue.

— Oh ! j'en suis sûr, moi, — reprit l'enfant; car il n'y a que le roi qui puisse donner des ordres à mon oncle d'Orléans... Oh ! que je suis malheu--reux ! — s'écria Charles en pleurant, mon père ne m'aime pas; c'est lui qui me tient prisonnier dans ce château ; c'est lui qui vous empêche de paraître à la cour, comme vous devriez le faire ; qui retient loin de moi mon oncle d'Orléans... Mais qu'ai-je donc fait pour qu'il ne m'aime pas?

— Tais-toi, Charles, tais-toi ! — reprit vivement la reine en posant la main sur la bouche de son fils, et parlons d'autre chose , si tu ne veux pas que l'on te sépare aussi de ta mère.

Charles effrayé se tut et pleura quelque temps en silence.

— Si encore, — reprit-il après quelques ins-tants, on voulait me faire lire dans les livres que je vois quelquefois dans ce château ; mais non, on me le défend... Oh ! si mon oncle était là !...

A ce moment, on entendit monter à pas précipités, et quelqu'un s'approcha en courant de l'appartement qu'occupait la reine. La tapisserie se souleva, et un homme entra sans qu'on lui eût permis de le faire.

— Qui donc ose se présenter ainsi devant moi ? — s'écria la reine indignée ; a-t-on donc oublié mon rang...

Mais elle n'eut pas le temps d'en dire davantage ; Charles s'était levé, et en jetant un cri de surprise, s'était précipité dans les bras de celui qui venait d'entrer aussi brusquement.

— Mon oncle ! c'est mon oncle d'Orléans ! — s'écria-t-il dans sa joie.

— Silence ! enfant, silence ! veux-tu me perdre, — dit précipitamment le duc en réprimant tout-à-coup la joie de Charles ; — ne sais-tu pas que pour te voir j'ai bravé la colère du roi, et que c'est une colère dangereuse ? — Dieu vous garde, Madame, — ajouta-t-il en se tournant vers la reine.

— Que voulez-dire, monseigneur ? — demanda Charlotte effrayée de l'air inquiet du duc ; que se passe-t-il donc ? quelque danger menace-t-il mon fils ?

— Aucun, que je sache, noble dame, — répondit le duc; mais j'ai voulu voir monseigneur le dauphin malgré la défense sévère qui m'en avait été faite, et pour cela il a fallu me cacher à tous les yeux et venir secrètement en ce lieu, où peut-être les espions du roi pourront me découvrir.

— Ne le craignez pas, sire duc, reprit la reine, personne céans n'a le droit d'entrer dans cet appartement sans que j'en sois prévenue; il n'y a que notre royal époux qui le pourrait faire, et je le crois trop occupé des affaires de l'état pour que nous ayons à redouter sa visite.

Entièrement rassuré par ces paroles de la reine, le duc se livra donc tout entier à la joie de revoir le dauphin, et il répondit aux caresses naïves de l'enfant.

Laissons ces trois personnages jouir d'un moment de bonheur dans l'appartement de la reine, et retournons auprès de Louis XI, que nous avons laissé se préparant à partir pour Amboise.

A peine le duc d'Alençon avait-il été emmené, que Louis s'était retiré dans son appartement. Là, quand il fut seul, il se promena à grands pas dans sa chambre, en proie à une agitation horrible.

— La prédiction de cet homme m'a effrayé, s'écria-t-il tout-à-coup... Si ce qu'il a dit arrivait

cependant !..., je veux voir mon fils, je le veux...,
et malheur à lui s'il peut être dangereux ! Oh !
non, cela est impossible.... Qu'ai-je à craindre d'un
enfant enfermé dans un château..., loin, bien loin
de moi ! Le duc d'Orléans pouvait seul lui donner
quelque idée de son pouvoir... j'ai éloigné le duc
d'Orléans... Si le duc avait enfreint mes ordres ?...
s'il continuait ses visites? Pasques-Dieu ! je ne le
crois pas assez mal avisé pour l'oser faire.

Plein de ces idées, et ayant toujours présent à
l'esprit le discours du duc d'Alençon, le roi ne dormit pas de la nuit, et le lendemain, avec une suite
assez nombreuse, il partit pour Amboise.

Quelques jours après, il arriva dans la ville, et
laissant sa suite dans une hôtellerie, il s'avança seul
vers le château, espérant y surprendre tout le monde
et mieux voir ce qui s'y faisait; il entra dans le château sans bruit et sans éclat, quelques instants
après que le duc d'Orléans s'était présenté devant la
reine.

Le roi se rendit d'abord à l'appartement du gardien, qui était venu le recevoir.

— Que se passe-t-il céans, comte? — lui demanda-t-il.

— Rien d'extraordinaire, sire, — répondit le
comte; — tout y est suivant vos ordres. Monsei-

gneur le dauphin vit dans l'ignorance du passé ; et rien ici ne lui peut faire deviner son avenir.

— Bien pour cela, comte, — fit le roi, prenant un air moins grave, mais les visiteurs?

— Sont fort rares, sire, et je n'admets que ceux qu'un ordre de Votre Majesté m'indique comme admissibles.

— Bien encore. Mais le duc d'Orléans?

— N'a pas reparu depuis tantôt trois mois que la défense de revenir lui a été faite. Je doute que le duc reparaisse jamais dans ce château; il sait trop quel danger il y aurait pour lui à enfreindre les ordres de Votre Majesté.

— Pasques-Dieu ! comte, il fera bien de se tenir éloigné de ce château, car je n'aime pas ce grand intérêt qu'il paraît porter à mon fils. — Où est la reine? demanda Louis après quelques instants.

— Dans son appartement, sire.

— J'espère, continua le roi, — qu'elle n'a à se plaindre de personne en ce lieu : que tout le monde lui témoigne le respect dû à son rang : sans toutefois oublier mes recommandations d'épier ses démarches.

— Vos volontés sont suivies en tout, sire.

— Bien donc. Je veux m'assurer par moi-même de ce qu'elle fait avec son fils dans cette retraite; je vais me rendre à son appartement, et protégé par la portière de sa chambre, je pourrai voir ce qui s'y passe : suivez-moi, comte.

Accompagné du gardien du château, Louis s'avança doucement jusqu'à la porte de la chambre de la reine ; là, il s'arrêta et observa ce qui se passait à l'intérieur.

Charles était en ce moment sur les genoux de son oncle, qui lui montrait un manuscrit enrichi de belles enluminures.

— C'est pour moi, bel oncle, ce livre si joliment enluminé? demandait Charles en ouvrant de grands yeux.

— Oui, Charles,—répondit le duc, et tu pourras y apprendre tout ce qui s'est passé jusqu'au règne dernier ; comment les ennemis de la France ont été chassés et vaincus.

— Hélas ! comment le pourrais-je faire? — répondit Charles avec peine, puisque je ne sais pas lire.

— Il faudra l'apprendre, Charles, car tu seras roi un jour, et ton royaume réclamera tes soins; il sera nécessaire que tu saches ce qui s'est passé, pour travailler au bonheur de tes peuples.

— Pasques-Dieu ! s'écria le roi, soulevant tout-à-coup la tapisserie, — à vous entendre, beau sire duc, on me croirait déjà mort. Mais, par le ciel, cela n'est pas, sachez-le bien, et je vous le ferai voir.

A cette brusque et inattendue apparition, chacun se leva ; la reine tremblante s'appuya au dossier de son siége, le duc d'Orléans baissa la tête comme s'il eût attendu la mort, et Charles laissa tomber le livre qu'il tenait entre ses mains.

— Vrai Dieu ? — continua le roi, pâle de colère, il se passe d'étranges choses céans, et l'on vous donne de beaux conseils, Charles. — Mais on vous trompe, entendez-vous, dauphin de Viennois, — s'écria Louis, en secouant brusquement le bras de l'enfant, — on vous trompe, vous n'êtes rien... vous ne pouvez rien... Je vous defends de lire cette chronique menteuse !

Puis ramassant le livre, il le tendit au comte qui l'avait suivi, et qui tremblait dans un des coins de la chambre.

— Tenez, Monsieur, prenez cela, et allez m'attendre dans votre logis, où je ne tarderai pas à vous rejoindre ; nous avons un compte à régler ensemble.

Le comte sortit en baissant la tête.

— Quant à vous, beau sire duc, je vous engage à quitter promptement ce séjour, à retourner dans votre ville d'Orléans, et à attendre là que je vous envoie mes ordres. Je ne suis pas encore défunt, beau sire, et plus d'un noble pair pourrait me précéder dans la tombe. — Allez !

— Mais, sire... — murmura le duc...

— Silence ! duc, j'ai donné mes ordres ; obéissez et rendez grâce à notre parenté, qui fait que je vous épargne.

Le duc se retira en jetant sur Charles et sur la reine un regard de pitié.

— Qu'avez-vous donc à trembler ainsi, madame ? dit le roi d'un ton moqueur en se tournant vers la reine, — reprenez votre place, et ne cherchez pas à vous soustraire aux remercîments que je veux vous faire pour la manière dont vous élevez mon fils.

— Sire !...

— Ne vous excusez pas, — reprit Louis d'un ton sévère. — Voyons, que lui disait le duc, ajouta-t-il plus doucement... que je ne tarderais pas à lui laisser le trône, que ma santé chancelante... Il en a menti par la gorge !... Mais répondez donc, madame, répondez donc !

— Non, sire, le duc ne disait pas cela : mais il aime mon fils, et il cherchait à lui donner pour l'étude le goût que vous voulez tuer en lui.

— C'est bien , dit le roi en se levant. Vous êtes trop près de votre fils , madame ; le Dauphiné vous offre une retraite agréable : demain vous partirez pour le Dauphiné.

— Sans mon fils? demanda la reine avec angoisse.

— Sans votre fils, répondit le roi d'un ton dur. Puis , arrachant des bras de sa mère l'enfant qui s'y était précipité;

— Venez , beau fils , ajouta-t-il , c'est moi qui désormais prendrai soin de votre jeunesse.

Puis il sortit, emmenant Charles qui retenait ses larmes, tant il avait peur de son père.

Quelques heures après, comme le jour paraissait à peine, Louis, ayant fait jeter en prison le comte, qui avait si mal exécuté ses ordres, reprenait le chemin du Plessis-les-Tours.

VII.

LE ROI EST MORT ! VIVE LE ROI !

Pendant les quelques années que Charles passa
auprès de son père dans le château du Plessis, il fut
confié aux soins de plusieurs des favoris du roi qui
tous remplirent les intentions de ce dernier, en
laissant le dauphin dans son ignorance. Plusieurs
fois, Charles s'était trouvé vis-à-vis de son père,
et il avait cherché, par ses caresses et son attache-
ment, à obtenir de Louis un visage moins sévère ;

mais toutes ses peines pour arriver à ce résultat avaient été infructueuses. S'il arrivait que le roi, touché de la grace naïve du jeune homme et ému un instant par sa tendresse, se laissât aller à un sentiment moins dur, la crainte que le dauphin ne profitât de ce moment pour en tirer avantage réprimait aussitôt en lui cet élan paternel, et il repoussait Charles sans pitié.

Cependant le roi devint gravement malade, et Charles, inquiet de la santé de son père, demanda à le voir : toujours sa demande lui fut refusée.

— Cachons-lui mon état de faiblesse, — se disait Louis XI, — il en serait trop joyeux ; cela lui donnerait un avant-goût de la couronne... Je veux qu'il n'y pense qu'après ma mort... si je meurs ! — ajoutait-il aussitôt ; car tout souffrant qu'il était, il craignait la mort, et sa conscience bourrelée lui reprochait tant de crimes, qu'il redoutait le moment où il lui faudrait rendre compte de sa conduite.

Quoique malade, il se levait chaque jour ; et, agenouillé devant un prie-Dieu, il se recommandait à tous les saints pour obtenir la santé. Mais les saints étaient sourds à sa prière, et laissaient agir la nature, qui chaque jour le rapprochait du tombeau.

Enfin, un jour il se sentit plus faible que jamais ; et croyant sentir approcher sa dernière heure, il se décida à faire venir son fils. Charles, la figure baignée de larmes, entra dans la chambre où son père était étendu sur un lit de parade. Le médecin du roi était dans le fond de ce lit, suivant avec anxiété tous les mouvements de la vie qui s'exhalait peu à peu.

Quand Charles entra, il se précipita vers son père, dont il voulut prendre la main ; mais celui-ci le repoussa durement.

— Épargnez-vous des pleurs auxquels je ne crois pas, Charles ; je sais trop bien la joie que doit éprouver un dauphin quand il voit arriver le moment où la couronne lui revient... Faites donc trève à vos larmes...

Charles ému voulut parler, le roi l'interrompit...

— S'il arrivait que je vinsse à passer de vie à trépas... ce qui n'est pas certain au moins... la couronne de France serait à vous, Charles ; et alors vous auriez besoin de conseils... vous trouverez les miens dans ce livre que j'ai écrit pour vous... c'est mon *Rosier des guerres*... puissiez-vous le méditer longuement encore avant que vous soyez en état d'en faire usage.

— Oh ! mon père ! — s'écria Charles tout ému, — souffrez au moins qu'à ce dernier moment je presse votre main ; ne me refusez pas une caresse, vous qui m'en avez toujours privé...

— C'est bien, Charles, — fit le roi en le repoussant, — je vous ai dit que je ne croyais pas à votre douleur.

Louis fit un signe, et le héraut d'armes qui était debout à la porte, lui apporta la couronne royale... Le roi la prit, et la serrant convulsivement, il la montra à Charles.

— Elle sera à vous, mon fils... mais plus tard... quand je serai...

Il n'en put dire davantage, et tomba sur son lit sans connaissance. Le médecin se pencha alors sur le corps, écouta les battements du cœur... ils avaient cessé... Puis, se retournant vers le héraut qui attendait à la porte :

— Le roi est mort !... — lui dit-il d'une voix grave.

Charles, à ce mot, se précipita vers son père dont il couvrit la main de baisers, et le héraut, s'adressant aux gentilshommes qui se tenaient dans l'appartement voisin, répéta par trois fois ce cri :

— Le roi est mort !...

Les seigneurs répondirent à ce cri par celui mille fois répété de Vive le roi !

Charles VIII arrivait au trône, et Louis XI à la tombe.

Ainsi, ce roi, qui avait hâté la mort de son père par ses révoltes continuelles, passa sa vie à tout craindre de son fils, et mourut sans croire à sa tendresse. Son châtiment fut tout entier dans cette position cruelle que M. Casimir Delavigne, un de nos premiers poètes, a si bien exprimée dans ces deux vers :

« .... Fils rebelle jadis ,
Je me vois dans mon père et me crains dans mon fils.

LA CONJURATION DES MARMOUZETS.

1730.

I

LA GROTTE.

Un soir, les fenêtres du château de Marly rayonnaient des feux de mille bougies ; et, du milieu des jardins, le curieux aurait pu apercevoir derrière les vitres des ombres qui passaient et qui repassaient ; et, au milieu de tout ce mouvement, il lui aurait été facile de distinguer les sons animés et joyeux d'une musique délicieuse. — Le jeune roi Louis XV donnait bal ce soir-là. — C'était là une fête royale ;

et pourtant, en se rappelant la magnificence de
de Louis XIV, les prodigalités du régent et le luxe
somptueux du dernier ministre, le duc de Bourbon,
on ne pouvait s'empêcher de démêler quelque chose
de mesquin et de parcimonieux dans les détails de
cette fête. Ainsi, l'on se demandait pourquoi, à côté
de cette partie du château bruyante et éclairée, une
autre partie restait morne et sombre ; ainsi, l'on
s'étonnait de ne trouver qu'une seule des vastes et
longues avenues des jardins qui fût illuminée,
quand on se rappelait qu'on avait vu, il n'y avait
pas longtemps encore, tous les bosquets de ces
mêmes jardins si éclairés, que l'œil pouvait à peine
en supporter l'éclat. Partout on reconnaissait la
main du cardinal Fleury, qui, d'abord précepteur
du roi, était depuis peu d'années devenu ministre.
Le mauvais état dans lequel il avait trouvé les fi-
nances, l'avait forcé à introduire une stricte économie dans l'administration ; et cette économie, il l'a-
vait étendue jusque sur les plaisirs du roi, et sur
ces faveurs que les courtisans sont toujours prêts à
recevoir, et les princes assez disposés à répandre sur
ceux qui les flattent.

Le système du cardinal faisait murmurer hautement, les jeunes seigneurs surtout, si habitués au
luxe pendant la régence. Ils disaient que son admi-

nistration sentait le bourgeois; ils traitaient son économie d'avarice. Fleury laissait parler ses ennemis et n'en marchait pas moins vers son but; il avait trouvé les coffres vides et les peuples accablés d'impôts, et il avait compris qu'il fallait remplir les coffres et cependant soulager le peuple. Il était à peu près parvenu à remplir cette tâche difficile ; et cela, grâce à cette sévère économie qu'il avait su introduire partout, jusque dans les plus petits détails.

Cependant onze heures venaient de sonner à l'horloge du château. Ce fut un signal de retraite pour le cardinal Fleury : il quitta tout-à-coup les salons et rentra dans son appartement. Son départ était probablement attendu avec impatience par quelques seigneurs, car un jeune marquis qui avait suivi de l'œil tous les mouvements du ministre pendant la soirée, s'approcha alors du jeune duc de Gèvres, qui, depuis quelque temps, s'entretenait avec le roi, et lui fit un signe que le duc parut comprendre. Puis le marquis s'éloigna, et, passant auprès d'un autre seigneur âgé, il lui murmura à l'oreille :

— Bon chien n'est jamais en défaut; j'ai tenu l'arrêt toute la soirée, le gibier est rentré au gîte.

Le jeune homme n'eut pas l'air d'avoir entendu

les paroles du marquis : il ne tourna même pas la tête de son côté ; mais un instant après, il sortit des salons et se dirigea vers les jardins. Du haut de l'escalier de pierre qui y conduisait, il aperçut, sur la terrasse au devant du château, le duc de Gèvres et le marquis restés à l'attendre. Il se hâta de les rejoindre.

— Arrive donc, d'Epernon , — lui dit de Gèvres du plus loin qu'il le vit; — crois-tu donc qu'on puisse penser à la danse quand on a le projet ?...

— De se promener , — dit vivement le marquis ; — la soirée est assez belle pour cela... Puis il s'approcha d'eux et ajouta à voix basse, en leur montrant deux fenêtres qui étaient seules éclairées dans la partie obscure du château : — Ne voyez-vous pas ces deux fenêtres ? ce sont celles de l'appartement du cardinal. Ne dirait-on pas ses deux yeux perçants qui nous observent ? Eloignons-nous ; qui sait aussi s'il n'y a pas, le long de ces murs sombres, des oreilles dévouées à ces yeux-là ?

— Tu as raison, de Bièvres, — répondit d'Epernon.

Ils s'éloignèrent en se promenant, et bientôt ils disparurent et se perdirent dans l'ombre. Tous trois étaient nobles et riches, et le plus âgé d'entre eux avait à peine vingt ans; ils étaient fort bien reçus du roi qui les accueillait à toute heure, qui les choisissait pour compagnons de tous ses plaisirs, qui enfin recherchait avidement des favoris de son âge. Comme tous les autres seigneurs, et plus que tous les autres peut-être, ces trois jeunes gens haïssaient le cardinal : déjà plusieurs fois, dans leurs entretiens avec le jeune Louis, ils avaient lancé contre lui des sarcasmes et des moqueries dont le roi avait ri jusqu'aux larmes. Il n'en avait pas fallu davantage pour les encourager et les jeter dans une intrigue ayant pour but de renverser le ministre. Un plan avait été tracé par ces jeunes conspirateurs, et ils en avaient fait part au cardinal de Polignac, ambassadeur à Rome, lequel avait tout approuvé. Enfin, le matin même du jour où nous les trouvons, ils étaient convenus entre eux que le moment d'agir était arrivé; et, dans leur jeune imagination, ils voyaient déjà comme certain le succès de leur entreprise. C'est dans ces dispositions qu'ils se dirigeaient vers l'endroit le plus isolé du parc.

Laissons-les chercher un lieu convenable à discuter leur grand projet, et tâchons de rejoindre deux hommes qui déjà depuis quelque temps se promènent d'allées en allées en parlant à voix basse.

— Comment, **M.** Sevrin, déjà du découragement? — disait le plus âgé, qui paraissait le protecteur plutôt que l'ami du second.

— Que voulez-vous? monsieur le comte, j'avais espéré mieux... Depuis quelque temps que je suis à la cour, qu'ai-je obtenu?... et pourtant Dieu sait que je suis prêt à tout faire pour prouver mon dévouement au cardinal...

— Mais vous n'avez pas à vous plaindre... Fleury vous a placé auprès du roi en qualité de sous-secrétaire.

— Oui, une charge inutile ! qu'est-ce, je vous prie, que le secrétaire d'un roi... surtout quand ce roi n'écrit jamais?... Oh ! je vous en conjure, monsieur le comte, vous à qui j'ai été recommandé, obtenez de son éminence qu'elle m'emploie... J'ai l'esprit actif...

— Et présomptueux comme celui de tous les jeunes gens de votre âge... Qu'avez-vous fait pour que le cardinal vous pousse dans les affaires?... Quels services lui avez-vous rendus?

— Aucun... mais je me sens capable de tout pour me rendre utile... dussé-je descendre pour m'élever ensuite.

— Vous êtes bien ambitieux, monsieur Sevrin, pour un jeune homme de vingt-deux ans... prenez-y garde, cela pourra vous mener loin.

— Dans les honneurs...

— Je le souhaite, — reprit le comte un peu froidement. — Au reste, monsieur, qu'il se présente une circonstance où vous puissiez être utile au cardinal... et il ne vous laissera pas en chemin, soyez-en sûr... Adieu, monsieur Sevrin, — dit le comte en rompant tout-à-coup un entretien qui semblait commencer à lui déplaire.

— Adieu, monsieur le comte, — fit Sevrin en s'inclinant respectueusement pendant que le comte s'éloignait.

Quand il fut seul, il resta quelque temps absorbé par ses réflexions.

— J'ai vingt-deux ans, — disait-il, — vingt-deux ans ! et je ne suis rien !

Tout en pensant à son avenir, le jeune ambitieux se trouva auprès d'une grotte si sombre à l'intérieur, que l'envie lui vint d'y entrer pour s'y livrer plus commodément à ses rêves de fortune.

Cependant nos trois jeunes gens avançaient rapidement.

— Attendez, — dit de Gèvres s'arrêtant tout-à-coup, — je connais un endroit si retiré, que le diable sera bien fin s'il nous y fait épier... vous savez, la grotte... au bout de cette allée.

Les deux autres jeunes gens approuvèrent son

idée et se rendirent en toute hâte au lieu indiqué.

— Nous y voici, — dit de Gèvres en entrant, — et je doute que malgré sa pénétration, le cardinal puisse deviner un complot tramé dans une obscurité aussi épaisse que celle-ci.

— Ne nous y fions pas, — reprit de Bièvres qui paraissait le plus prudent des trois; — il y a peut-être quelqu'un sur le banc au fond.

Sevrin qui avait entendu les premiers mots ne douta pas que la circonstance heureuse qui devait amener un changement dans sa fortune ne fût enfin arrivée; mais quand il entendit le marquis s'avancer pour voir s'il n'y avait personne sur le banc, il se leva doucement, se laissa couler à terre, sans bruit, et, — que ne fait pas commettre de honteux une ambition démesurée, — il se coucha à plat ventre sur le sable de la grotte et se disposa à écouter.

— Il n'y a personne, dit de Bièvres après avoir passé la main sur le banc, — nous pouvons nous asseoir.

Ils s'assirent tous trois, et le secrétaire, pour éviter leurs pieds qui menaçaient de le toucher, fut obligé de se glisser sous le banc où il retint son haleine de peur d'être découvert.

— Maintenant, pensons à ce qui nous reste à faire pour renverser le cardinal, — dit d'Epernon.

— Il faut frapper un grand coup, — reprit de
Gèvres.

— Bien ! — dit de Bièvres, — mais de quelles
armes nous servirons-nous ?

— Notre allié de Rome s'est chargé de nous en
fournir une qui vaut mieux que tout... Vous savez
qu'il a approuvé notre projet.

— Sans doute ; eh bien ?

— Eh bien ! aujourd'hui j'ai reçu un mémoire
qu'il m'a fait passer... mais un mémoire qui doit
tuer le cardinal, ou cet homme est invulnérable
malgré ses soixante-dix ans.

— Quel est ce mémoire ? demanda d'Epernon.

— C'est une critique amère de l'administration
de Fleury, — répondit de Gèvres ; — je l'ai lu, et je
ne doute pas que le roi ne l'accueille bien... Entre
nous, je le crois un peu las de son ancien précepteur... à vingt ans on aime à ne plus voir à chaque
instant l'homme qui vous a ennuyé de ses leçons.

— Tu parles là en véritable écolier, — dit de
Bièvres en riant.

— Soit ! mais l'écolier veut renvoyer le précepteur, et il y réussira si nous nous entendons.

— Que faut-il faire ?

— Demain, au lever du roi, nous nous présen-
terons à lui ; nous l'amuserons par nos plaisanteries

sur le cardinal, et quand nous l'aurons amené au point où nous voudrons, nous lui montrerons ce mémoire; s'il l'accueille favorablement, le ministre est renversé...

— Amen ! — s'écria de Bièvres, — et nous aurons après lui un ministre qui ne réglera pas la pension d'un roi aussi mesquinement que celle d'un bourgeois.

— Qui n'ordonnera pas une fête comme pourrait faire un marchand de Paris, — dit de Gèvres à son tour.

— Qui ne régentera pas notre gracieuse reine comme ferait un pédagogue, — ajouta d'Epernon.

— C'est cela, — reprit de Bièvres, — nous ferons un gouvernement qui nous convienne.

— A demain donc, au lever du roi, — fit de Gèvres en se levant.

— A demain, au lever du roi ! — répétèrent les autres.

Et ils quittèrent la grotte pour retourner au bal. Quand il fut sûr qu'ils étaient assez loin pour ne pas l'entendre, Sevrin quitta sa position gênante, se leva, secoua la poussière qui couvrait ses habits et s'écria avec l'accent de la joie la plus vive :

— Et moi, demain au lever du cardinal !

Puis il sortit et regagna sa chambre.

II.

LE MÉMOIRE.

Le lendemain matin, l'antichambre de l'appartement du roi regorgeait de seigneurs qui attendaient l'heure du lever, lorsque de Gèvres et d'Epernon arrivèrent. A leur entrée, chacun les salua
avec empressement, car on savait le degré de faveur
dans lequel ils étaient auprès du roi. Après avoir
échangé quelques compliments avec ceux qui les

saluaient, les jeunes gens furent rejoints par le marquis de Bièvres; ce dernier les tira à l'écart, et leur parla à voix basse dans l'embrasure d'une fenêtre.

— Devinez d'où je viens? — leur dit-il.

— Que sais-je? — répondit de Gèvres, — de la chasse?

— Précisément; et je suis entré jusque dans la bauge du sanglier... je viens de l'antichambre du cardinal.

— Toi?... et que diable allais-tu faire là-dedans?

— Prendre le vent... qui sait? j'aurais pu apprendre quelque chose d'utile... Au reste, il y a plus de monde à attendre le lever de monseigneur de Fréjus qu'il n'y en a ici à attendre celui du roi.

— Ce sont sans doute des élèves qui vont prendre une leçon...

— Oui, d'économie politique. Parmi les plus empressés, j'ai remarqué un jeune secrétaire du roi, vous savez... Sevrin de... de... son nom est si peu de chose qu'on l'oublie aussi vite qu'on l'apprend... Je ne sais ce qu'il avait à se tourmenter ainsi, mais je l'ai vu aller parler plusieurs fois à l'huissier.

— Eh bien, en voici un qui vient nous parler, à nous.

En effet, l'huissier de la chambre du roi s'approchait du jeune groupe.

— Messeigneurs, — leur dit-il respectueusement, — sa majesté a demandé plusieurs fois si vous étiez arrivés au château.

Les jeunes gens ne se firent pas répéter cette phrase, et ils entrèrent dans l'appartement du roi.

— Vous avez bien tardé, — leur dit Louis XV dès qu'il les vit ; — les fatigues du bal vous auront sans doute retenus au lit.

— Oui sire, — répondit vivement de Bièvres, — l'éclat des bougies avait tellement affecté mes yeux hier que j'ai cru ne pas pouvoir les ouvrir ce matin.

— Cependant marquis, fit de Gèvres, — tu dois rendre des grâces au cardinal ; car tu serais aveugle aujourd'hui s'il avait fait éclairer tout le château.

— C'est ma foi vrai ! eh bien, je lui brûlerai un cierge.

— Voilà encore ce pauvre cardinal sur le tapis, — reprit le roi avec gaîté : — nous ne sommes pas au bout, car il a en vous de furieux ennemis... Mais tu ne dis rien, toi, d'Epernon ; il me semble que tu l'épargnes depuis quelque temps.

— *Par pari refertur,* sire, répondit d'Eper-

non avec une gravité comique ; — il épargne assez
le trésor pour qu'on en fasse autant de lui.

— Bravo ! de mieux en mieux !... Ah ! je rirais
bien s'il vous entendait, ou si quelqu'un lui repor-
tait vos paroles.

Les jeunes gens se jetèrent un coup-d'œil et gardèrent le silence : ils craignirent de s'être trop avancés. Après avoir joui un instant de leur crainte :

— Rassurez-vous, — leur dit le roi, — il n'y a
personne ici que moi, et ce ne sera pas moi qui lui
répéterai tous vos joyeux propos, car il faudrait que
je lui dise aussi que j'en ai ri de bon cœur.

Les jeunes gens reprirent leur assurance.

— Ah ! sire, — dit de Gèvres, — pour parler
plus sérieusement, convenez qu'il y a bien loin de
la fête d'hier à ce qu'on rapporte de celles que donnait votre illustre grand-père...

— Revenons au cardinal, sire, — dit d'Epernon qui voulait arriver au but ; tout le monde s'en
plaint, on murmure... enfin n'a-t-il pas été jusqu'à
réprimander sévèrement sa majesté la reine parce
qu'elle avait outre-passé sa pension, qu'elle dépense... comment ? en aumônes...

— C'est vrai, j'ai su cela... oh ! il y a bien à
dire sur le compte du cardinal.

— Oui sire, — dit à son tour le marquis en faisant un signe à de Gèvres, — et tant, qu'on emplirait un gros cahier de tous les défauts de son administration.

— Un cahier comme celui-ci, — reprit de Gèvres en tirant le mémoire de sa poche.

— Qu'est-ce que cela ? de Gèvres, — demanda le roi.

— Voyez, sire : *Mémoire sur l'administration du cardinal Fleury.*

— Et tu as composé cela toi-même ? — fit Louis en le regardant.

— Non pas lui, mais nous tous, sire, — répondit d'Epernon sans hésiter.

— Voyons donc vos observations, messieurs les hommes d'état.

Louis XV s'assit, et de Gèvres fit à voix haute la lecture du mémoire. A chaque phrase du mordant censeur, le roi paraissait satisfait et témoignait son approbation par ces mots : « bien ! très bien ! c'est cela ! » Mais quand de Gèvres eut fini sa lecture, Louis se leva

— Je veux ce mémoire... je le veux, entends-tu, duc ; tout cela est vrai et je voudrais bien savoir ce que répondra le cardinal quand je le lui montrerai.

— Lui montrer ! — s'écria de Gèvres avec effroi.

— Sans doute ; et je veux jouir de sa surprise, de son embarras... Mais qu'as-tu ? tu parais effrayé.

— Sire, — répondit en hésitant le jeune duc qui avait transcrit le mémoire... le cardinal connaît mon écriture... et...

— N'est-ce que cela ? rassure-toi : je vais m'enfermer et copier ce mémoire de ma propre main... et comme vous pourriez craindre qu'un jour ou l'autre je ne vinsse à en nommer les auteurs devant le cardinal, j'engage ici ma parole royale à ne pas le faire. Maintenant, laissez-moi, je vais travailler... Huissier, — ajouta-t-il à voix haute, — annoncez que je ne recevrai pas ce matin. Adieu, messieurs... ayez tous confiance en moi...

Quand ils sortirent de l'appartement du roi, la joie brillait sur leur visage. Cependant de Bièvres paraissait moins radieux que les autres.

— Nous voilà bien engagés, — disait-il, — il n'y a plus à reculer... pourvu qu'il ne nous en arrive pas malheur !

— Bah ! bah ! vaine terreur ! — répondit de Gèvres.

A ce moment, ils rencontrèrent la foule qui sortait de l'appartement du ministre.

En effet, ce dernier venait de congédier tous ceux qu'il ne voulait pas admettre à une conversation intime, et il n'avait retenu auprès de lui que le comte de Maurepas qu'il aimait beaucoup, surtout depuis sa dernière chanson, et quelques conseillers qu'il voulait flatter par cette préférence. Pendant que la foule des courtisans s'écoulait, Fleury avait causé à voix basse avec le comte de Maurepas; mais quand il reconnut au silence qui se fit que son appartement était vide d'importuns, il s'approcha des conseillers qu'il invita à s'asseoir. Ce mouvement permit au cardinal d'apercevoir dans un des coins de l'appartement un jeune homme qui attendait dans une posture humble et embarrassée, mais qui paraissait cependant disposé à ne pas quitter la place avant qu'il n'eut été remarqué.

— Que faites-vous là, jeune homme? — demanda Fleury d'un ton un peu sévère; — n'avez-vous donc pas compris que je désirais rester seul avec ces messieurs?

— Pardon, monseigneur... mais je... j'aurais voulu parler en particulier à votre éminence, — dit Sevrin en hésitant.

— En particulier? — Quelqu'un de vous connaît-il ce jeune homme, messieurs?

— Je le connais, monseigneur, — répondit le

comte, — c'est un jeune secrétaire que vous avez placé auprès du roi.

— Que voulez-vous ? ne pouvez-vous parler devant ces messieurs ?

— Non , monseigneur...

— Je le crois fort ambitieux , — dit le comte à demi-voix , — il a sans doute quelque faveur à demander.

— Il choisit mal son temps, — reprit le cardinal sur le même ton ; — puis se tournant vers Sevrin : Retirez-vous, — lui dit-il , — je n'ai pas le temps de vous entendre.

Sevrin ne se pressait pas de s'éloigner, mais il comprit qu'il ne pouvait rester après ce que venait de lui dire le ministre, et il sortit bien déterminé cependant à obtenir une audience dans la journée. Au lieu de rentrer dans le salon d'attente, il alla droit à l'antichambre des valets, et il y chercha quelqu'un qui pût lui être utile, car il lui fallait, par tous les moyens, quelque bas qu'ils fussent, ne pas perdre le fruit de sa découverte de la veille. Au bout de quelques instants, il vit passer le valet de chambre du cardinal , et il l'accosta en affectant la plus grande considération pour lui. Après quelques compliments, la conversation s'engagea entre eux, et le sous-secrétaire employa tant d'adresse à flatter le valet, que lorsqu'il en vint à le prier d'obtenir pour lui une audience, il le trouva tout disposé à le servir. Il attendit deux heures en cette société, et il vit sortir l'un après l'autre ceux que le cardinal avait retenus; le comte de Maurepas partit le dernier; et quand il passa, Sevrin se cacha dans l'embrasure d'une fenêtre pour ne pas être aperçu de celui auquel il avait été recommandé.

Peu de temps après, Fleury fit demander son valet de chambre. Celui-ci entra dans l'appartement et revint bientôt.

— Suivez-moi, — dit-il au jeune homme, et il le mena en présence du cardinal.

— C'est encore vous ! — dit ce dernier dès qu'il vit Sevrin, — ce que vous avez à me dire est donc bien important que vous y mettez une telle opiniâtreté?

— Oui, monseigneur, de la plus haute importance.

— Je vous écoute.

— Monseigneur.... j'avais eu l'honneur de vous demander un entretien secret, — dit Sevrin en regardant le valet de chambre.

Fleury était soupçonneux comme un vieillard, et surtout comme un vieillard ministre : il regarda le jeune homme comme s'il eût voulu lire jusqu'au fond de son âme. Il ne trouvait pas dans la physionomie du sous-secrétaire la franchise qu'on rencontre ordinairement sur le visage des gens de son âge.

— Prenez-y garde, — lui dit-il, — n'essayez pas à abuser de ma confiance... Dieu réserve aux traîtres des châtiments terribles.

— Oh ! monseigneur, si vous connaissiez mon dévouement pour vous, vous n'auriez pas un tel soupçon.

La force avec laquelle il prononça ces paroles rassura probablement le cardinal, car il se retourna vers son valet de chambre et lui fit signe de se retirer.

— Maintenant que nous voilà seuls, parlez...

Sevrin lui répéta alors ce qu'il avait entendu la veille. Mais dans la manière dont il arrangea son récit, il eut soin d'appuyer beaucoup sur la difficulté de sa position ; et il trouva moyen d'augmenter le danger auquel le cardinal était exposé, afin de donner plus d'importance au service qu'il rendait.

— Et vous ne savez pas les noms de ces jeunes fous ? — demanda vivement Fleury.

— Non, Monseigneur, il m'a été impossible de les reconnaître à la voix.

Le ministre garda quelque temps le silence et

parut réfléchir profondément. Tout à coup il releva la tête, et souriant d'un air d'incrédulité :

— Je crois que vous vous serez donné beaucoup de peines pour ne m'être utile en rien, — dit-il, — je ne puis ajouter foi à vos paroles... vous aurez exagéré les choses...

— Mais, monseigneur, je vous assure...

— Si je voyais ce mémoire... je pourrais croire que ce que vous me dites est réellement important, mais jusque-là... Allez, jeune homme, soyez moins prompt à prendre l'alarme désormais, et si dorénavant vous avez quelque chose à m'apprendre, ne venez que muni de preuves.... Entendez-vous bien, je ne vous recevrai maintenant qu'avec la preuve. Allez!

— Il faut que j'aie ce mémoire, — se dit Sevrin quand il eut quitté l'appartement... — Oui, dussé-je le prendre dans le cabinet du roi, je l'aurai!

— Ce jeune homme reviendra aujourd'hui ou demain, — dit Fleury à son valet de chambre; — dès qu'il se présentera qu'on l'amène auprès de moi.

Quand le cardinal eut achevé sa toilette, il se rendit auprès du roi. Jamais Louis XV ne le reçut mieux, ne lui fit plus de fêtes et de caresses, et jamais le ministre n'eut l'air plus tranquille et plus confiant. L'élève était l'égal de son maître !

III.

L'ÉLÈVE ET LE PRÉCEPTEUR.

Le roi avait transcrit le mémoire tout entier de sa main, et le soir du même jour, il avait remis au duc de Gèvres son libelle en lui renouvelant ses félicitations sur un travail si bien pensé et si utile à l'état. Les jeunes conspirateurs se voyaient au moment de recueillir le fruit de leur intrigue ; encore quelques jours, et la disgrâce du cardinal confirmerait leur victoire.

Cependant Sevrin épiait un moment propice à se saisir du mémoire.

— Une fois maître de cette pièce, — se disait-il, — je serais lancé sur la route de la fortune; le cardinal ne pourrait manquer de me témoigner sa reconnaissance.

Plusieurs fois, il avait tenté de s'introduire dans le cabinet royal dont sa charge lui permettait d'approcher, et deux jours se passèrent avant qu'il pût y réussir. Enfin, le troisième, une occasion se trouva favorable, il ne la laissa pas échapper, et bientôt le mémoire fut en sa possession. Sans y jeter un coup d'œil, il le cacha soigneusement, et courut se présenter chez le ministre. Suivant les ordres de ce dernier, il fut introduit sur-le-champ.

— Que venez-vous faire? — lui demanda Fleury en réprimant un mouvement d'attente satisfaite... — vous savez ce que je vous ai dit?...

— Oui, monseigneur, de ne venir ici qu'avec des preuves... J'en ai...

— Voyons!... — reprit le cardinal en tendant la main avec empressement... — voyons si elles méritent qu'on y ajoute foi....

— C'est le mémoire en question, monseigneur, — répondit Sevrin en lui remettant le cahier.

Fleury le prit avec un air de triomphe, mais

après y avoir jeté les yeux, il pâlit, se troubla, et oubliant qu'il n'était pas seul, il s'écria :

— L'écriture du roi !... je suis perdu !

Puis il se mit à lire avec attention. Pendant que dura cette lecture, le secrétaire eut le temps de réfléchir.

— C'est l'écriture du roi, — pensa-t-il en lui-même... — par quelle fatalité me suis-je engagé dans cette route dangereuse ! J'ai servi un homme dont la disgrâce est sûre... qui ne peut plus m'être utile. Et contre qui l'ai-je servi?... contre le roi... Si je pouvais sortir de ce mauvais pas?... Oui... peut-être.

Il fut interrompu dans ses réflexions par une nouvelle exclamation du ministre.

— C'est ma disgrâce!... ma disgrâce écrite tout entière de la main du roi !

— Malheureux que je suis! — s'écria Sevrin comme entraîné par la force de ses pensées.

— Que faisiez-vous là? dit vivement le cardinal, s'apercevant enfin qu'il avait un témoin. Puis, changeant tout-à-coup de ton, il ajouta en riant :

— Ce mémoire est une plaisanterie qui ne vaut pas la peine qu'on s'en occupe : reportez-le où vous l'avez pris et que personne ne sache que je l'ai vu... S'il m'est échappé quelque exclamation pendant que je le lisais…, rappelez-vous que vous ne l'avez pas entendue, et que parler à qui que ce soit de ce que l'on n'a pas entendu, c'est une fausseté qui mérite un châtiment… Je vous remercie de vos peines, — dit-il enfin d'une voix plus douce, et je me souviendrai du service que vous avez voulu me rendre.

Sevrin sortit, mais le cardinal n'avait pas su assez dissimuler son inquiétude pour lui faire prendre le change. Aussi, jugeant d'après le saisissement du ministre lui-même, que celui-ci se sentait perdu, notre jeune ambitieux se vit d'avance entraîné dans la catastrophe, lui dont le chemin était encore à faire, lui qui n'avait obtenu aucune faveur importante du cardinal… Assurément le cardinal ne manquerait pas d'entrer en explications avec le roi au sujet du mémoire ; le roi voudrait savoir comment son ministre avait eu connaissance de cette pièce secrète. Le cardinal n'hésiterait pas à dénoncer à sa majesté l'infortuné secrétaire. — Il le fera, à coup sûr, — s'écria Sevrin, dans l'espoir de m'offrir en holocauste au ressentiment du roi et de détourner sur moi sa colère !… quelle horreur !… Ces hommes d'état sont capables de tout… Et dans son trouble, le jeune homme eut l'idée de prévenir une noirceur supposée par une lâcheté bien réelle. Il se hâta de remettre en place le mémoire, monta à sa chambre, et écrivit une lettre dans laquelle il accusait le cardinal d'avoir voulu le pousser à soustraire un des papiers du cabinet du roi, et où il se vantait d'avoir repoussé cette infâme proposition.

Cette lettre fut remise au roi dans la journée.

Fleury vint trouver Louis XV à son heure accoutumée, et le jeune roi le reçut comme il avait coutume de le faire. Cependant il remarqua que le cardinal avait un air froid et gêné et qu'il ne répondait qu'à peine à ses avances.

— Qu'avez-vous ? mon bon cardinal, seriez-vous malade? — demanda Louis en affectant le plus grand intérêt pour son ancien précepteur.

— Non, sire, et j'en rends grâce à Dieu, — reprit froidement le ministre.

— Le ciel protége la France puisqu'il vous conserve en santé... Mais qu'avez-vous ?

Le cardinal parut hésiter à répondre ; enfin il parla vaguement et comme s'il eût cherché à sonder les intentions du roi...

— Sire... le séjour des cours est dangereux... Il n'y a pas un homme, tel juste qu'il soit... ou qu'il croie être, qui ne s'y fasse des ennemis...

— Que voulez-vous dire?

— L'oreille des rois est livrée sans défense aux

poisons que distille la langue trompeuse des favoris..
et malheureusement les rois ne sont que trop portés
à écouter...

— Mais où voulez-vous en venir? mon bon
maître.

— J'ai des ennemis, sire.

— Vous?—s'écria le roi feignant la plus grande
surprise.

— Oui, sire, et je crains que Votre Majesté n'ait
prêté l'oreille aux diffamations dont je suis l'objet.

— Pouvez-vous penser cela?... et d'ailleurs,
croyez-vous que j'ajouterais foi à ce qu'on dit...

— A ce qu'on dit... vous voyez bien, sire, on
m'accuse, vous l'avouez vous-même.

Ce fut le tour du roi à avoir l'air embarrassé, et
le cardinal comprit par là qu'il n'avait pas perdu
tout empire sur son élève.

—Non, vraiment... — répondit Louis... — mais
quand cela serait? ne m'avez-vous pas rendu d'assez
importants services pour vous acquérir et garder ma
confiance ?

— Je l'espérais, sire, et pourtant on me calom-
nie hautement, mes ennemis relèvent la tête...

— Que m'apprenez-vous là, cardinal ?

— Ce que vous savez... ce que vous devez savoir.
Oui, sire, il y a dans votre palais même des gens

qui, non contents de me calomnier à haute voix, osent encore écrire sur mon compte les diffamations les plus injurieuses...

Le cardinal s'arrêta tout-à-coup pour observer l'effet que produisaient ses paroles sur le roi; et le voyant muet et confus, il continua d'une voix plus ferme :

— Et savez-vous de quoi ils s'autorisent pour avoir cette hardiesse ?... ils s'autorisent de l'approbation que vous leur donnez.

— Qui a dit cela? cardinal, qui a dit cela? c'est faux !

— Comment se fait-il qu'un mémoire ait été écrit ?

— Un... mémoire! reprit le roi troublé.

— Un mémoire plein de mensonges et de faussetés.

— Il faut en punir les auteurs et faire brûler cet écrit.

— Que diriez-vous, sire, si je vous apprenais qu'il est en ce moment entre les mains de Votre Majesté?

— J'ignore ce que vous voulez dire, cardinal, — répondit Louis déconcerté.

Fleury jugea que le moment était venu de frapper le grand coup.

— Je souhaite que vous l'ignoriez, en effet, sire, — reprit-il d'un air péné, — mais moi je ne le sais que trop... Le triomphe de mes ennemis sera bientôt public, et je veux éviter ce moment par une retraite honorable. Demain je quitterai la cour et je me rendrai à Issy où je vivrai en attendant la mort qui ne se fera pas trop attendre, je l'espère.

— A Issy ! vous retirer à Issy ! — s'écria Louis effrayé !... — Oh ! vous ne me quitterez pas.

— Sire, je ne peux rester plus longtemps à la cour, quand vous protégez hautement mes ennemis... quand vous êtes vous-même le premier de mes ennemis. Souffrez que je me retire, il en est temps.

— Restez, — dit le roi en retenant le cardinal qui s'était levé. — Restez, je vous en conjure...

— Non, sire, non, — fit le ministre, insistant d'autant plus qu'il voyait le roi plus effrayé de son départ; je vais retourner à Issy pour ne plus le quitter maintenant.

Il fit un pas pour sortir.

— Mon Dieu ! que faire pour le retenir ? — s'écria Louis les larmes aux yeux.

— Rien, — répondit le cardinal en se retournant; — ne m'avez-vous pas dit que vous n'aviez pas ce mémoire ?

— Je l'ai !

— Ah! sire, c'est donc vrai ?

— Oh! pardon! pardon! — s'écria Louis XV...
— Tenez, mon cher ami, le voilà !

Il lui remit le mémoire.

— Tout entier de votre main !

— Il n'est pas de moi, je vous jure.

— Les auteurs? — demanda le cardinal en revenant, nommez-moi les auteurs et je consens à rester.

— C'est... mais j'ai promis de leur garder le secret.

— Ceux qui vous l'ont remis ne sont pas les auteurs de cet écrit... Des gens bien informés en accusent l'ambassadeur de France à Rome... Ainsi vous pouvez, sans manquer à votre parole, dire ceux qui vous l'ont remis. Vous n'aviez promis le secret qu'aux auteurs...

— C'est vrai...

— Eh bien ?

— C'est... mais vous ne partirez pas? vous n'abandonnerez pas les affaires ?

— Je le jure... c'est...?

— De Gèvres, d'Epernon et de Bièvres...

— Les fous ! — s'écria le cardinal en contenant

sa joie... — et vous, sire, vous avez pu,... mais ne parlons plus de cela ; tout est oublié...

— Bon cardinal ! — fit le roi en lui saisissant la main.

— Ah ! sire, sire, il faut que je vous sois attaché comme je le suis pour me décider à ne pas quitter la cour !

— Bon cardinal ! — répéta le roi.

Fleury resta encore longtemps chez Louis XV, et quand il en sortit, cet homme qu'on aurait pu croire sur le point d'être disgracié, il y avait à peine deux heures, se trouvait plus puissant que jamais... Avant de le laisser sortir, le roi lui remit quelques lettres.

— Mon bon maître, — lui dit-il, — pour vous prouver que je ne veux plus avoir de secret pour vous, voici quelques lettres qui m'ont été remises aujourd'hui ; je ne les ai pas lues, prenez-les, et faites-y les réponses convenables.

En rentrant dans son appartement, le cardinal pensait à la vengeance qu'il tirerait de ses jeunes ennemis. Il cherchait dans l'histoire quelque exemple sur lequel il pût s'appuyer, et Richelieu lui revint à la mémoire, Richelieu qui pour bien moins avait fait tomber de plus nobles têtes.

IV

LE CHATIMENT.

De Gèvres, d'Epernon et de Bièvres se rendaient joyeusement au lever du roi le lendemain matin. Ils riaient et causaient ; de Gèvres surtout était plus gai que de coutume ; déjà plusieurs fois il avait regardé le ciel avec affectation.

— Que fais-tu donc là le nez en l'air ? — lui demanda de Bièvres, — est-ce que tu cherches ton étoile ? elle a pâli ce matin.

— Oui, mais elle brillait cette nuit, — dit d'É-
pernon.

— Je ne cherche pas mon étoile, mais suivant
ton expression, de Bièvres, je prends le vent ; et
je crois qu'il est bon, nous forcerons le sanglier
aujourd'hui.

— Prrr ! prrr ! prrr ! — fredonna de Bièvres.

— Je te trouve délicieux avec ton prrr ! prrr !
En douterais-tu ?

— Peut-être... je ne sais pas... mais entrons au
château.

Ils allaient passer la grille : on leur barra le
passage.

— Qu'est-ce à dire ? — s'écria de Gèvres.

— Tu vois, — dit de Bièvres, — la girouette a
tourné, le vent est mauvais.

Un officier se présenta suivi de gardes.

— Vos épées, messieurs, — leur dit-il, — de
par le roi !

— De par le roi et le cardinal !.... c'est-à-dire
que nous sommes prisonniers, — reprit de Bièvres
en donnant son épée.

De Gèvres et d'Epernon remirent aussi leurs
armes à l'officier.

— Où nous conduisez-vous, monsieur ? — demanda d'Epernon.

— Je l'ignore, monsieur le duc ; j'ai l'ordre de vous arrêter, voilà tout.

Après quelques instants, l'officier reçut un ordre écrit ; il le parcourut, et pria les jeunes seigneurs de le suivre. Il les mena dans l'appartement du cardinal, et on les laissa dans une chambre, seuls, mais surveillés par les gardes.

— Nous sommes au pouvoir de notre ennemi, — dit d'Epernon quand il fut un peu revenu de sa surprise.

— Oui, et il peut nous traiter en vainqueur.... Mais tu ne dis rien, de Bièvres ?

— Non... Je réfléchis.

— A quoi ?

— A l'effet que peut produire une hache quand elle vous tombe sur le cou.

— Est-tu fou ?.... penses-tu que nous ayons tant à craindre ?

— Peut-être... je ne sais pas.

Ils restèrent ainsi une heure dans l'attente, une heure qui leur parut bien longue, tant l'inquiétude leur rendait la marche du temps pesante. Enfin on vint les chercher et on les introduisit en présence du cardinal.

Ce dernier était entouré de quelques vieux conseillers et gentilshommes, parmi lesquels on remarquait le comte de Maurepas. En entrant, les jeunes gens furent effrayés à la vue du visage sévère de Fleury. En effet, à en juger par les regards irrités du ministre, les jeunes conspirateurs avaient tout à craindre. A la faveur du mouvement que l'entrée des prisonniers avait occasionné, Sevrin, qui se trouvait là par ordre de Fleury, avait cherché à s'évader, mais la porte lui avait été refusée. Il alla se blottir dans un coin.

Chacun attendait ce qui allait se passer ; il se fit un long silence, le cardinal le rompit enfin.

— Messieurs, — leur dit-il d'une voix sévère, — vous avez fait un complot contre moi, savez-vous que je peux vous faire juger ?

— Par nos pairs seulement, — dit d'Epernon avec fierté.

— Silence, monsieur le duc, je vous ai choisi d'autres juges : cependant, des juges que vous ne pourrez pas récuser.

— Quels sont-ils, monseigneur? — demanda de Gèvres.

— Vous le saurez tout-à-l'heure. J'ai déjà choisi votre bourreau et l'arme qui vous frappera.

Chacun regarda avec intérêt les jeunes gens qui tremblèrent malgré eux à tous ces détails.

— Ah ! messieurs les jeunes gens ! — continua

le cardinal, — les enfants ! je devrais dire ; vous vous attaquez à un vieillard de près de soixante-dix ans... et cela, — si je suis bien instruit, — parce qu'il règle la pension d'un roi aussi mesquinement que celle d'un bourgeois... parce qu'il compte les bougies d'un bal... parce qu'il effraie les plaisirs avec sa mine sévère... Vous paraissez étonnés ; je suis bien informé, n'est-ce pas ?... Pauvres conspirateurs que vous êtes ! vous aviez tramé votre complot dans l'ombre, mais l'ombre s'est éclairée pour moi... vous aviez médité votre plan dans le silence, mais le silence a parlé pour moi. Jeunes fous !.... vous ne savez donc pas tout ce qu'il faut de précautions à la cour ! vous ne savez donc pas qu'il se trouve toujours des oreilles prêtes à saisir le moindre son que l'on profère ?... et que savez-vous si les oreilles qui vous ont entendus ne m'entendent pas dans ce moment ?

Sevrin pâle et tremblant s'agitait sur son siége.

— Et maintenant voulez-vous connaître quel juge je vous donne ? le monde des salons ; le bourreau que je vous destine ? le ridicule ; l'arme dont il se servira ? la chanson. On rira quand on apprendra que des enfants ont voulu renverser un vieillard... on rira, comme je le fais, quand on saura que des marmouzets se sont mêlés de conspirer... Oh ! ne

relevez pas la tête... des marmouzets !... on appel-
lera votre complot *la conjuration des marmouzets.*
Voilà pour ma vengeance : quant à la peine que je
vous infligerai... vous avez conspiré en écoliers, il
est juste que je vous punisse en précepteur.... vous
quitterez la cour pendant deux ans : vous retourne-
rez auprès de vos parents dont vous avez besoin
d'écouter encore les conseils. Et, comme il vous
faudra travailler auprès d'eux, eh bien ! de Gèvres,
qui veut suivre la carrière des armes, étudiera la
diplomatie ; cela ne lui nuira pas. D'Epernon qui
veut être diplomate, apprendra l'art de la guerre ;
et de Bièvres qui vise à l'esprit, se livrera à l'étude
des mathématiques, des fortifications et des mines.

— Oui, monseigneur, et dans deux ans le *mi-*
neur reviendra majeur, — dit de Bièvres emporté
par son caractère.

Sur un signe du cardinal on emmena les prisonniers. Ils sortirent au milieu des éclats de rire des
courtisans qui s'étaient contenus pendant le discours
du ministre.

— Ce garçon-là a de l'esprit, — dit ce dernier
en regardant de Bièvres qui s'éloignait.

— Cela tient de famille, monseigneur, — dit le
comte en se penchant vers le cardinal, — l'esprit est
dans l'héritage des de Bièvres, et va toujours en

augmentant ; si celui-ci a un fils, je ne doute pas qu'il ne surpasse son père : bon chien chasse de race. — Pas toujours.....

Quand la rumeur fut un peu apaisée, Fleury reprit la parole. Sa figure était devenue grave et sévère.

— Maintenant que j'ai puni, — dit-il, — il me reste à récompenser ; approchez, monsieur.

Sevrin se leva et s'avança avec plus d'assurance, car il commençait à croire que le cardinal n'avait pas connaissance de sa fatale lettre.

— Eh bien ! vous qui avez rampé à plat ventre pour écouter ces jeunes gens, vous qui les avez dénoncés, pourquoi ne venez-vous pas réclamer le prix de votre service ?... Il vous est dû cependant... Tenez, prenez cette lettre, je vous la rends... C'est payer bien cher une dénonciation, car cette lettre pouvait vous faire passer dix ans à la Bastille.... et maintenant que je ne vous dois plus rien, quittez la cour, n'y reparaissez pas tant que je vivrai, et tâchez de méditer sur ce vers de Lafontaine :

« Toujours par quelque endroit fourbes se laissent prendre. »

— Sortez... sortez !

Sevrin se retira confus, car il avait vu le mépris

sur toutes les figures. Au moment où il descendait
l'escalier la tête basse, il rencontra le comte de
Maurepas qui lui dit :

— Allez, Sevrin, allez, vous avez mérité
votre sort ; une ambition démesurée vous a fait
manquer à l'honneur, elle vous a perdu sans res-
source.

PIERRE II ET DOLGOROUKI.

PIERRE II ET DOLGOROUKI.

C'était le 8 février de l'année 1725 ; la ville de
Saint-Pétersbourg , née depuis peu de temps de la
volonté et du génie de Pierre-le-Grand, et devenue, du jour même de sa naissance , la capitale de
la Russie, avait ce jour-là un aspect étrange et inaccoutumé. La plupart des boutiques du quartier
marchand étaient encore fermées, quoique toutes les
horloges eussent déjà depuis quelque temps sonné la

dixième heure du matin. Dans les rues , sur les places, partout enfin, une foule immense, malgré le froid si vif à cette époque, circulait inquiète , agitée , bourdonnante. Ceux qui se rencontraient ne s'abordaient qu'avec ces mots qui se répétaient dans tous les sens : « Avez-vous quelques nouvelles ? » Mais personne ne répondait d'une manière satisfaisante à cette question. Si cependant il arrivait que quelqu'un parût plus instruit que les autres sur ce qui se passait en ce moment, un groupe nombreux se formait aussitôt autour de lui ; et du sein du groupe des voix s'élevaient, et la conversation devenait bruyante et animée : puis elle tombait bientôt d'elle-même, et le silence profond qui lui succédait , témoignait assez de l'attente et de l'inquiétude de la foule.

C'était surtout aux alentours du palais des czars que les gens étaient plus pressés et les groupes plus nombreux. Là, chacun les yeux fixés sur le palais , cherchait à deviner ce qui se passait à l'intérieur ; mais l'habitation impériale , calme et imposante comme à son ordinaire , ne laissait rien transpirer au dehors de la crise qui l'agitait au dedans. Cependant des bruits vagues passaient de bouche en bouche ; on se disait tout bas que le ministre tout puissant, que Menzicoff était sur le point d'être disgracié. Ce bruit avait déjà été celui de la veille; mais voilà qu'aujourd'hui un autre plus étrange avait parcouru les groupes : « L'empereur est à l'agonie ! »

Malgré le silence que les gens employés au château gardaient sur tout ceci, ces bruits prenaient de la consistance, et il paraissait certain qu'une grande lutte était engagée. Pierre-le-Grand luttait avec la mort, et Menzicoff avec la fortune qui, la veille, encore, paraissait prête à l'abandonner. Lequel des deux devait sortir victorieux de la lutte? c'est ce que la foule pressée dans les rues et sur les places attendait avec tant d'anxiété; car on savait que si l'empereur venait à succomber, le nouveau czar, trop heureux de pouvoir s'aider de la force de Menzicoff, reporterait le ministre au plus haut degré de la puissance.

Pendant que l'on attendait ainsi le dénoûment de ce drame, un enfant que le haut intérêt qui occupait alors la foule avait empêché d'être remarqué, quoiqu'il fût d'une des plus nobles familles de la Russie, entra dans le palais, et se dirigea vers une partie isolée des bâtiments. Il monta quelques degrés, et après avoir frappé à une porte qui se trouvait devant lui, il attendit quelques instants. Bientôt on vint lui ouvrir, et il fut introduit dans une chambre occupée par un autre enfant qui pouvait avoir alors de dix à onze ans. A l'entrée de son compagnon, ce dernier se leva tout-à-coup, courut à lui, l'embrassa avec toutes les marques de la joie la plus vive, tandis que l'autre lui rendait ses caresses avec un certain air de respect dont il n'avait pas l'habitude. Le jeune habitant de la chambre du palais en parut étonné.

— Mais qu'as-tu donc? — lui dit-il, — pourquoi cet air grave et froid que je ne te connaissais pas?... n'es-tu plus mon compagnon Dolgorouki?. n'es-tu plus mon ami?... est-il possible que ces deux jours passés loin de moi t'aient changé à ce point?.. qu'est-ce que cela veut dire?

— Cela veut dire, monseigneur, — répondit le jeune Dolgorouki en affectant toujours le même air respectueux, — cela veut dire que les choses ont changé et non pas moi; que je pouvais bien être le compagnon, l'ami libre et sans contrainte du fils du malheureux Czarowitz Alexis, mais que je n'ose plus l'être de celui qui dans quelques heures portera le titre de czar.

— De czar!... je ne te comprends pas... Que se passse-t-il? parle... mais parle donc... tu sais bien que dans ce coin isolé du palais je vis dans l'ignorance de tout ce qui s'y fait.

— L'empereur , ton grand père , est sur le point de mourir... — répondit aussitôt Dolgorouki en reprenant son laisser aller habituel.

— L'empereur , mon grand-père ?... — reprit l'enfant d'une voix faible.

Et une pâleur extraordinaire se répandit sur ses traits si animés tout à l'heure , car il s'était rappelé tout-à-coup le supplice de son père Alexis Petrowitch, décapité par l'ordre du czar comme complice d'une conspiration ; et, comme toujours, la frayeur l'avait saisi à ce seul mot : l'empereur ! Dolgorouki s'empressa de le rassurer.

— Ne crains rien en ce moment , Pierre , — lui dit-il, — je t'apporte de bonnes nouvelle. Mon père m'a appelé ce matin auprès de lui, et m'a appris bien des choses qui te feront grand plaisir.

— Qu'est-ce donc ? — demanda Pierre un peu rassuré et ouvrant de grands yeux.

— D'abord en entrant chez mon père , je lui ai trouvé un air de triomphe que je ne lui avais pas vu depuis longtemps, et dès qu'il m'a vu : salut à l'ami , au compagnon du nouveau czar ! s'est-il écrié. Puis il m'embrassa avec une tendresse qui me fit pleurer de plaisir. Cependant j'étais comme toi tout-à-l'heure , je ne comprenais pas. Alors il m'apprit que les médecins avaient reconnu que la maladie de l'empereur était incurable, et qu'elle le mènerait en peu de temps au tombeau.

Une larme brilla dans les yeux du jeune prince.

— Tu pleures, — ajouta Dolgorouki, — mais pense donc à ton père mort sur l'échafaud ; pense à cette vilaine chambre dans laquelle on te tient enfermé.

—Oui, l'empereur a été pour moi bien méchant et bien sévère, mais il était mon grand-père...

— Eh bien ! soit... pleure-le... mais écoute ce qu'ajouta mon père. L'empereur mort, me disait-il en se promenant à grands pas dans son appartement, je sais bien que des partisans s'agiteront en faveur de Catherine : mais le sénat, mais toutes les voix de la foule ont désigné Pierre II pour monter au trône de toutes les Russies. Va donc et apprends-lui que deux fois vingt-quatre heures ne se passeront pas . avant qu'il ne soit proclamé czar. Alors plus de contrainte pour lui, plus de chambre dans laquelle on le retienne ainsi qu'en une prison !... Toute liberté, toutes sortes de plaisirs !... Toujours des fêtes, toujours de la joie !... Voilà pourquoi tout content que j'étais de cette heureuse nouvelle pour toi, pour mon ami, j'arrivais néanmoins avec un air plus respectueux, car je me disais : une fois qu'il sera mon souverain, voudra-t-il encore que je sois son ami ?..

— Oh! toujours! toujours! — s'écria Pierre avec enthousiasme.

Sa douleur était oubliée et il avait essuyé ses larmes, car vraiment on pouvait concevoir qu'il n'aimât pas beaucoup celui qui l'avait si cruellement privé d'un père; et puis l'idée de sa nouvelle position se présentait à son esprit sous de si gracieuses couleurs, qu'il ne fut pas maître de sa joie.

— Toujours mon compagnon comme autrefois, — répéta-t-il en saisissant la main de son ami; — n'as-tu pas partagé mes tristes jeux lorsque j'étais enfermé dans cette vilaine chambre? Il est donc juste que tu sois aussi le compagnon de mes plaisirs quand je serai libre.

— Et de tes travaux aussi, Pierre, — s'écria Dolgorouki, dont la jeune imagination rêvait des batailles, — et de tes guerres quand tu iras combattre les ennemis de la Russie... Il faudra que je sois encore là, près de toi pour me battre à tes côtés et mourir en te défendant.

— Oui, toujours l'un auprès de l'autre! Oh! que nous serons heureux!... mais pense donc à nos fêtes... à ces beaux repas que je te donnerai dans mon palais, car j'aurai un palais, n'est-ce pas?

— Sans doute.

— Et puis nous aurons... l'enfant s'arrêta tout-à-coup, un bruit extraordinaire se faisait dans la cour, et des rumeurs confuses s'élevaient dans l'air, et de la place parvenaient jusqu'à son oreille.

— Quel est ce bruit? — demanda-t-il un peu effrayé. — Regarde donc.

Dolgorouki s'approcha de la fenêtre.

— Je ne sais ce que c'est que tout cela, — lui dit-il, — mais tous les régiments des gardes sont rangés devant le palais.

Pierre vint se placer auprès de son ami, et ils regardèrent tous deux, cherchant à comprendre ce qui se passait sous leurs yeux.

Cependant comme l'avait dit Dolgorouki, tous les régiments des gardes étaient rangés devant le palais, et Menzicoff parcourait leurs rangs, distribuant de l'or et des promesses, s'arrêtant à chaque instant, parlant aux soldats la langue des soldats. A chacun de ses discours, des cris d'enthousiasme répondaient de toutes parts. La foule, tenue éloignée par les troupes, ne connaissait pas encore la solution de tout ceci, et témoignait par des cris de son impatience. Cependant il paraissait certain que le moment était venu où tout ce mystère allait se découvrir et où le peuple allait apprendre ce qu'il paraissait si inquiet de savoir. Tout-à-coup, une voix partie l'on ne sait d'où, laisse échapper ces mots : — L'empereur est mort ! — et en peu de temps, la nouvelle portée de groupe en groupe, parvint jusqu'aux plus reculés. Puis un grand mouvement se fait parmi les gardes ; des milliers de voix proclament l'élévation de la veuve du czar, et confirment cette élection par le cri, mille fois répété par tous les soldats, de *Vive Catherine I*re, *impératrice de toutes les Russies !*

La foule qui, tout-à-l'heure encore, désignait Pierre II comme héritier de Pierre-le-Grand, la foule qui, dans quelque pays que ce soit, crie toujours quand elle entend crier, la foule entraînée répéta : *vive Catherine I*re ! Le sénat surpris de cette grande puissance de Menzicoff qui, par sa force seule, avait décidé l'élévation de la czarine, le sénat, se sentant trop faible pour engager une lutte, répéta aussi : *Vive Catherine I*re !

Ces cris parvinrent jusqu'aux deux enfans que nous avons laissés la figure collée aux vitres, et cherchant à deviner ce qui se passait. Pierre fut le premier qui les entendit distinctement au milieu de la rumeur.

— Que disent-ils donc là ? — demanda-t-il à Dolgorouki… — Vive Catherine I re !… — ce n'est donc pas moi qui serai proclamé czar ?

— Mon père nous a trompés ! — murmura Dolgorouki tout déconcerté, — ou plutôt il s'est trompé lui-même... — mon pauvre Pierre, — ajouta-t-il avec les larmes aux yeux.

— J'espérais pourtant bien changer cette vilaine chambre contre une plus agréable dans ce palais ! — reprit Pierre d'un air triste... — Allons! il faut encore y rester... mais tu viendras toujours comme autrefois partager... mon ennui ?

— Toujours !... mais j'espérais mieux.

Les deux enfants s'embrassèrent en silence, et Dolgorouki sortit en promettant de revenir bientôt.

Quelques jours après, le sénat assemblé avait solennellement reconnu l'élection de Catherine.

Vingt-sept mois plus tard, nous retrouvons ces deux mêmes enfants dans une maison de campagne à quelque distance de Saint-Pétersbourg. Tous deux aussi attachés l'un à l'autre, unis d'une aussi étroite amitié, et cependant avec cette différence que le plus jeune est empereur sous le nom de Pierre II.

C'est que les choses avaient bien changé de face, durant ces vingt-sept mois. D'abord le tout puissant Menzicoff avait vu sa fortune prendre un accroissement si grand, que, — dit un historien, — il pouvait aller de Riga en Livonie jusqu'à Derbent en Perse, sans coucher une seule nuit hors de ses terres. Mais bientôt le ministre, s'apercevant que la santé de la czarine s'affaiblissait de jour en jour, quoiqu'elle n'eût alors que trente-neuf ans, avait pensé à s'assurer de son successeur en cas qu'elle vînt à mourir; et pour cela, il avait porté les yeux sur ce jeune enfant que l'on élevait à l'écart dans un des coins ignorés du palais. Il avait témoigné quelqu'intérêt au jeune prince, et quand il avait vu que la czarine touchait à son agonie, il avait fait pour Pierre II ce qu'il avait fait quelque temps plus tôt pour Catherine : il s'était assuré des troupes. Aussi, lorsque la mort de l'impératrice eut été connue, Pierre II fût-il proclamé, et chacun pût-il croire que c'était encore par les soins de Menzicoff. Cette politique adroite lui avait conservé sa puissance, et l'aurait encore augmentée si la chose eut été possible.

Cependant le jeune prince n'était empereur que de nom, et depuis qu'il était revêtu de la dignité impériale, il n'avait obtenu qu'un changement de retraite, ou plutôt de prison. Le ministre, plus empereur mille fois que celui qui en portait le titre vain, avait fiancé sa fille au jeune czar, puis après les fiançailles, il avait relegué Pierre II dans une maison de campagne où il le faisait garder soigneusement.

Toutefois, soit imprévoyance de sa part, soit qu'il crut réellement ne rien avoir à redouter d'un enfant, le ministre avait permis au jeune Dolgorouki de continuer ses visites, et même ses séjours auprès du czar. Le compagnon du prince pouvait donc entrer dans la maison de plaisance ou en sortir à toute heure sans que l'on fît seulement attention à ses démarches.

Les choses en étaient là quand nous retrouvons les deux amis.

Après quinze jours passés chez son père, Dolgorouki est revenu depuis peu d'instants auprès du czar qui commençait à trouver bien longue l'absence de son compagnon. Je ne vous peindrai pas la joie des deux enfants quand ils se revirent : une heure se passa en épanchements d'amitié mêlés de mots sans suite, et de questions si vives et si empressées qu'elles restaient toutes sans réponses. Cependant toute chose doit avoir un terme; cette grande joie finit par se modérer, et la conversation prit une tournure plus posée.

— Oh! si je n'étais un czar *pour rire*, — disait Pierre, — je voudrais qu'il y eut aujourd'hui une fête dans mon palais, tant je suis heureux de te revoir. Mais qu'as-tu fait? as-tu vu ton père? que se passe-t-il à Saint-Pétersbourg?

— J'ai vu mon père. Quant à ce qui se passe à Saint-Pétersbourg... Des murmures s'élèvent contre le ministre qui te tient ainsi éloigné de la cour : on se dit... bien bas, que l'on voudrait te voir revenir; mais personne n'ose rien tenter pour t'arracher des mains de l'ambitieux Menzicoff. Et pourtant tu es empereur!

— Oui, je suis empereur! — reprit Pierre après quelque silence.

— Et tu as treize ans, Pierre, et tu ne fais rien pour te soustraire à ton esclavage.

— Eh! que veux-tu que je fasse? quand je vois le ministre, j'ai peur; je tremble devant lui comme un enfant paresseux qui n'a pas rempli sa tâche tremble devant son précepteur.

— Un czar qui craint le fouet ou la férule! — répondit Dolgorouki avec une certaine expression de moquerie.

— Dolgorouki! — s'écria le jeune prince devenant rouge jusqu'aux oreilles.

— Eh bien! quoi? — reprit Dolgorouki comme entraîné, — veux-tu m'empêcher de rire en pensant que celui qu'on appelle Pierre II, que l'on décore du titre pompeux d'empereur de toutes les Russies, n'est pas seulement le maître de sortir seul de cette maison, si cela lui plaît?... N'est-il pas drôle de voir le souverain d'un empire plus esclave que le dernier des serfs de mon père? — Tiens! tu te rappelles quand on nous a fait lire l'histoire des rois de France ce que nous avons témoigné de mépris pour quelques-uns de ces rois que l'on appelait *fainéans....* Eh bien !...

Dolgorouki s'arrêta, car il venait de porter les yeux sur son ami, et en voyant sa figure contractée, et les deux grosses larmes qui ruisselaient le long de ses joues, il comprit qu'il avait été trop loin.

— Eh bien ! — dit Pierre en faisant un effort sur lui-même.

Dolgorouki se tut et baissa la tête ; il était peiné du chagrin qu'il avait causé au jeune prince.

— Oh ! ce n'est pas bien ! — ajouta ce dernier qui ne fut plus maître de contenir ses larmes, — tu te moques de moi.... toi ! mon ami !

Il y eut quelque temps de silence pendant lequel Dolgorouki essaya, par ses caresses, de sécher les pleurs que ses paroles avaient fait répandre. Ses efforts réussirent : et bientôt la douleur du czar se calma en présence de l'amitié que lui témoignait son jeune compagnon.

— Oh ! tu as été bien méchant ! — reprit Pierre après quelques instants.

— Mais c'est que je voudrais tant te voir libre et heureux ! rappelle-toi les beaux projets que nous

faisions, il y a deux ans. Quand je serai czar, — di-
sais-tu, — plus de contrainte, toujours des fêtes
dans mon palais! toujours mon ami auprès de moi
pour partager mes travaux et mes plaisirs, toujours
du bonheur et de la joie!... Eh bien! te voilà empereur, que sont devenus les beaux rêves que nous
avions faits?.... Nous n'avons pas même la liberté!

— C'est vrai , — répondit Pierre devenu
pensif.

— Et cependant, si tu voulais!... — ajouta
Dolgorouki dont l'imagination s'enflammait à l'idée
de délivrer son ami, — si tu voulais..... — il hésita
quelque temps, puis garda le silence.

— Quoi? — demanda Pierre dont les yeux brillèrent à cette pensée de liberté.

— Oh! non, — reprit aussitôt Dolgorouki, —
tu aurais encore peur du fouet et de la férule.

— Veux-tu donc recommencer? — fit Pierre
avec une expression pénible de chagrin.

— Non... non , mais je veux te sauver, —
s'écria le jeune compagnon du czar avec enthousiasme, — te sauver! et si tu le veux, rien ne sera
plus facile.

— Que veux-tu dire? — demanda Pierre avec
la plus grande curiosité , et attirant son ami dans le

coin le plus discret de la chambre où ils se trouvaient.

— Il faut quitter cette maison, — reprit Dolgorouki à voix basse, — mon père m'a assuré que
si tu parvenais à t'échapper d'ici, tu serais reçu avec
acclamation dans la capitale de l'empire. Le sénat
est pour toi, les gardes même n'hésiteront pas à prê-
ter leur secours à leur maître.

— Quitter cette maison ! — fit Pierre en réflé-
chissant.

— Hésiterais-tu à le tenter ? — demanda son
ami qui paraissait tout à la fois craindre et désirer la
réponse du czar.

— Hésiter ! me crois-tu donc un enfant lâche et
sans énergie ? Hésiter ! quand j'entrevois la liberté
pour prix de mon courage... Je le ferai, je tenterai
tout ; et dût-il m'en coûter la vie, je ne veux pas
que l'on puisse me comparer, comme tu l'as fait
tout à l'heure, à ces rois fainéans... Quand parti-
rons-nous ?

Dolgorouki se précipita au cou du prince et
l'embrassa avec les marques de la plus grande
amitié.

— Voilà comme j'aime à te voir ! — s'écria-t-il
avec enthousiasme, — maintenant il ne s'agit plus
que de prendre nos mesures pour réussir à nous

échapper. Nous ne sommes que des enfants, mais tâchons que l'on puisse dire de nous : ils se sont conduits comme des hommes... D'abord....

— Écoute, — fit Pierre en l'interrompant tout-à-coup, on vient, tais-toi.

Un officier des gardes entra alors et annonça au jeune czar que le ministre viendrait le lendemain le visiter. Puis après avoir salué le prince qui le reçut avec plus de dignité qu'on en aurait attendu d'un enfant de son âge, l'officier sortit de la chambre.

— Eh bien! — dit Dolgorouki dès que l'officier fut parti, — attendrons-nous cette visite?

— Non, — répondit Pierre, — il faut que demain en venant ici, il cherche en vain son esclave, et qu'il trouve son maître en rentrant à Saint-Pétersbourg.

La figure maladive de Pierre avait alors une telle expression d'enthousiasme qu'elle était belle et animée.

— Il faut donc que cette nuit soit celle de notre évasion. Une escorte appartenant à ma famille, et qui m'a amené, nous attendra demain matin au point du jour, à quelque distance de cette habitation ; et ce sera presqu'en triomphe que nous entrerons à Saint-Pétersbourg.

La fuite bien résolue entre les deux enfants, il ne

fut plus question que de la mettre à exécution avec toute la prudence possible. Il fallait surtout ne pas éveiller les soupçons des gardes auxquels on avait confié le princè : toute la soirée se passa donc en conciliabules entre les deux amis. Cependant vers minuit, la fatigue rendit les yeux de Pierre lourds et pesants, et bientôt il s'endormit. Mais Dolgorouki ne dormit pas, lui, et quand il vit les premiers rayons qui annonçaient le jour, il éveilla son ami.

— Allons, — lui dit-il, — que Votre Majesté se lève, son peuple l'attend pour la saluer dans la capitale.

Pierre se leva aussitôt. En un instant ils furent prêts l'un et l'autre, et descendant sur la pointe du pied, retenant leur haleine, ils arrivèrent dans les jardins. Les gardes étaient endormis et personne ne songea à mettre opposition à leur fuite qui s'effectua sans la moindre mésaventure. Au bout de quelque temps, ils furent au milieu de l'escorte qui les attendait, et de ce moment le succès de leur entreprise ne fut plus douteux.

Quelques heures après, Pierre II était arrivé, par des chemins détournés, jusqu'à Saint-Pétersbourg, où il avait été reçu par les acclamations des gardes et de la foule. Quand le premier moment d'étonnement fut passé, et que le czar se fut installé dans son appartement impérial, Dolgorouki qui venait d'avoir une longue entrevue avec son père, se présenta devant le prince. Tout était changé dans l'air et dans les manières du jeune favori. Ce n'était plus le compagnon d'enfance d'un enfant comme lui, c'était l'ami d'un prince, et ce fut respectueusement qu'il se présenta.

— Embrasse-moi donc, lui dit Pierre dès qu'il le vit, — nous avons réussi.

— Votre Majesté n'a pas encore fait tout ce qu'elle doit faire pour se délivrer.

— Pourquoi ce ton? — demanda le prince étonné.

— Ce ton est celui qu'il convient de prendre à tout sujet de l'empereur, ce sujet fût-il son ami. —Mais voici ce qu'il reste à faire à Votre Majesté... tant que Menzicoff sera à Saint-Pétersbourg, il sera dangereux; il n'y a donc qu'à l'exiler...

— Oui, je l'exilerai, — répondit Pierre, — mais à une condition, c'est que toi et les tiens vous occuperez sa place.

— Moi et les miens, nous sommes prêts à mourir pour Votre Majesté...

Pendant que ces choses se passaient, Menzicoff était arrivé à la maison de plaisance où il comptait trouver le czar. Rien ne peut se comparer à son étonnement en ne le voyant plus ; rien, si ce n'est le dépit qu'il éprouva lorsqu'en arrivant à son hôtel à Saint-Pétersbourg, il y trouva un ordre impérial qui l'exilait dans sa magnifique terre de Rennebourg.

Il partit, mais il ne devait pas s'arrêter de sitôt ; de nouveaux ordres le dirigèrent vers la Sibérie. Je ne vous dirai pas tout ce qu'il eut à souffrir après avoir été si puissant : vous avez déjà sans doute entendu raconter les malheurs de cet homme dont la fortune s'est joué si cruellement.

Et maintenant, si vous avez pris quelqu'intérêt à mes deux jeunes amis, je devrais m'arrêter, car il ne me sera pas possible de vous dire que le règne de Pierre II a été long et glorieux, et que Dolgorouki a joui pendant longtemps de la position que lui avait donnée son ami le czar ; malgré toute l'envie que j'aurais de ne vous pas causer de peine, cela ne me sera pas possible ; car si je le faisais, l'histoire qui ne ment jamais, ou plutôt qui ne doit jamais mentir, se dresserait devant moi et m'accuserait de fausseté ; ce qui est une bien vilaine accusation, n'est-ce-pas, mes amis ? Vous voyez donc bien que je ne peux pas m'exposer à cela, et qu'il faut que je vous dise la vérité, la vérité quelle qu'elle soit.

Cependant je le ferai en peu de mots, car je ne veux pas vous laisser trop longtemps au milieu des cruautés qu'exerçaient à cette époque ceux qui arrivaient au pouvoir contre ceux qui le quittaient.

Trois ans après ce que je viens de vous dire, le 29 janvier 1730, Pierre II mourut de la petite vérole à l'âge de quinze ans. Avant sa mort, il avait eu la consolation de serrer encore une fois la main de son ami, et de penser qu'il le laissait heureux et puissant. Hélas! combien cela devait-il durer?

Aussitôt après la mort de Pierre, les Dolgorouki firent monter au trône une princesse qui n'avait pas à l'empire les droits les plus immédiats. Ils espéraient que par cela même, elle serait plus reconnaissante envers eux. Ils furent trompés dans leur espérance. L'impératrice Anne, duchesse de Courlande n'eut pas plutôt été proclamée czarine, qu'elle pensa à se défaire des Dolgorouki dont elle redoutait la puissance. Il y avait à cette époque à la cour de Russie deux hommes également ambitieux, le comte de Munich qui s'était déjà distingué sous Pierre-le-Grand, et Biren que l'impératrice Anne avait amené avec elle du fond de la Courlande. Ces deux hommes ne tardèrent pas à renverser la fortune des Dolgorouki; et bientôt un ordre atteignit ces derniers, un ordre qui les envoyait construire des huttes en Si-

bérie à côté de celle de Menzicoff. L'ancien ministre venait de mourir, et il ne put pas voir les auteurs de sa disgrâce arriver comme lui à ce terme
fatal de la puissance. Le pouvoir de Biren augmenta
au détriment même du comte de Munich, son ancien
allié, et sa cruauté alla rechercher les Dolgorouki
au fond de leur exil. Sept de ces princes périrent
misérablement par la main du bourreau, et la roue
et la hache moissonnèrent cette famille jadis si puissante.

Munich et Biren eurent leur tour, et la Sibérie
les vit aussi arriver en exilés ; car il semblait que ce
lieu de douleur fût alors la retraite obligée de tous
ceux qui avaient possédé le pouvoir.

FIN.

TABLE DES CHAPITRES.

FIN DE LA TABLE.

Tours, imprimerie de R. PORNIN et C.ie

GYMNASE
MORAL
EDUCATION
GYMNASE
MORAL
EDUCATION